事業性評価と融資の進め方

取引先の強みを伸ばし資金需要を発掘する

澁谷耕一 監修
吉田浩二 著

リッキービジネスソリューション株式会社

近代セールス社

はじめに

　平成28年2月に、日本銀行がわが国では初めてのマイナス金利を導入しました。これによる効果・影響については、現時点（平成28年10月時点）においてまだ定まっていませんが、金融機関にとっては取引先企業の設備投資や住宅ローンなどの貸出増加が期待される一方で、預貸利ザヤの縮小が進み、今後の業績は一段と厳しくなるとの指摘がなされています。

　特に地域金融機関では、「人口減少」「資金需要縮小」「資金運用難」という状況が続いており、今後も収益減少の流れが続くことが予想されています。メガバンクであれば海外での事業展開による収益確保も可能ですが、地域金融機関では経験や人材、そして対象企業自体が限られることから、すぐに進めることは難しいのが実情でしょう。加えて、金融機関の再編・経営統合の進展やフィンテックの進歩による業務内容の転換など、業界を取り巻く環境は劇的に変化しており、経営の舵取りは一段と難しくなると考えられます。

　こうしたなか、金融庁は平成26年「モニタリング基本方針」、平成27年「金融行政方針」などにおいて、金融機関に対し「事業性評価に基づく融資、助言」を推進することを促してきました。これは、金融機関に対し「財務データや担保・保証に必要以上に依存することなく、借り手企業の事業の内容や成長可能性などを適切に評価し（「事業性評価」）、融資や助言を行い、企業や産業の成長を支援していくこと」を求めたものであり、貸出金利競争から脱却し、コンサルティング機能を発揮することで取引先企業の成長に資するとともに、地域経済の発展につなげようとする取り組みであるとされています。

　また、本年3月に経済産業省は「ローカルベンチマーク」を公表し、企業と金融機関とが対話を通じて現状や課題を理解して経営改善に取り組むことなどを促しており、9月には金融庁が従来の指針である「金融

検査マニュアル」による資産査定などの画一的な評価を改め、地域金融機関による取引先企業に対する成長力の強化や事業再生に資するような融資や支援を評価する、55項目からなる「ベンチマーク」を、そして、10月には「平成28事務年度金融行政方針」を公表しました。ここでは、「金融機関が顧客本位の良質な金融サービスを提供し、企業の生産性向上や国民の資産形成を助け、結果として、金融機関自身も安定した顧客基盤と収益を確保するという好循環（『共通価値の創造』）を目指すことが望まれる」とされています。また、融資業務に関しては、「十分な担保・保証のある先や高い信用力のある先以外に対する金融機関の取組みが十分でないため、企業価値の向上等が実現できていない状況（『日本型金融排除』）が生じていないか、実態把握するとしています。

こうした状況において、融資渉外担当者である皆さんには、取引先企業の事業を理解し、課題を発見し、そして「最適な解決策＝ソリューション」を提供することが求められています。これら一連の活動の結果、「融資や助言の実施→取引先の成長→地域経済の発展→自金融機関の経営力向上」につながってきます。

しかしながら、企業は将来的な景気の不透明感から積極的な投資を控える傾向が強く、資金需要も伸び悩んでおり、皆さんのなかにも、どのようにして融資を伸ばせばよいのか分からないという方は多いと思います。一方で、融資を着実に獲得している行職員も多くいます。筆者は、ここ数年間、金融機関の担当者がどのようにして企業経営者と接し、融資を推進しているのかという点に着目したところ、いくつかの特徴が見受けられました。

そのなかで最も顕著な特徴として、取引先企業の事業に強い関心を持っているという点が挙げられます。

事業を知るためには、その製・商品・サービスはもちろん、組織、業務運営面、管理面、競合、外部環境などに幅広く興味を持たなければなりません。そして、そこには多くの強みや課題が潜んでいます。融資を

はじめに

推進している行職員は、事業を知ることでこうした課題を認識し、成長や解決する手段として融資の必要性をアドバイスしています。つまり、単なるお願い営業や金利競争ではなく、業績向上につながるネタを提供することで、経営者に新しい資金ニーズに気づいてもらう、つまり資金ニーズを創出しているのです。

　これこそが、融資渉外担当者である皆さんが事業性評価を行ううえでの最終的な目的であると筆者は考えています。「事業性評価」とは融資を伸ばす新たなテクニックではありませんし、ヒアリングシートや管理表を作るという作業でもありません。金融機関が取引先企業と正面から向き合うことによって、強みや経営課題を発見し、その改善や業績向上を支援するなかで、融資や助言につなげるということです。そのために、取引先の事業を知るということに尽きると言えます。加えて、企業経営者も自社の改善や成長につながる課題の発見と解決策の提案を金融機関に期待しています。

　本書では、筆者が実際に行っている企業の見方や経営改善に向けたアドバイスの内容をやさしく解説しています。特に、融資渉外の担当になったばかりの若手行職員の方でも分かりやすいように、平易な内容にするように努めました。また、いくつかの企業を事例にビジネスモデルを理解し、そこから強みを見出し、これを伸ばすための支援方法や、融資につなげる発想やアドバイスを示しました。

　本書を日常の営業活動に活用していただき、事業性評価を知るとともに、融資推進につなげ、そして地方創生に資することを期待します。

平成28年10月23日

　　　　　　　　　リッキービジネスソリューション株式会社
　　　　　　　　　　　　　中小企業診断士　吉田　浩二

目次

目　次

はじめに

第1章　事業性評価を理解する

第1節　事業性評価とは何か …………………………………012
　1．事業性評価とは …………………………………………012
　2．事業性評価の流れ ………………………………………014
　3．事業性評価の進め方 ……………………………………015

第2節　事業性評価が求められる理由 ………………………019
　1．事業性評価が求められる背景 …………………………019
　2．どんな顧客に対して行うか ……………………………021
　3．従来の融資判断との違い ………………………………023
　4．企業が金融機関に求めているもの ……………………024

第3節　金融機関を取り巻く環境の理解 ……………………028
　1．金融機関の貸出残高の推移 ……………………………029
　2．預貸率の低下 ……………………………………………030
　3．預貸利ザヤの低下 ………………………………………031
　4．進む地域金融機関の合併、経営統合 …………………033
　5．金融仲介機能のベンチマーク …………………………033
　6．金融庁による方針 ………………………………………037

第2章　企業の全体像を把握する

第1節　異なる金融機関と経営者の視点 ……………………044
　1．金融機関は企業のここを見る …………………………044
　2．企業経営者は自社をこう見ている ……………………044
　3．これほど違う両者の視点 ………………………………045

第2節　事前調査を行ってみよう ……………………………048

第3節　実態把握の流れを理解しよう ………………………050

第4節　企業の概況を把握しよう ……………………………051

1．企業概況では何を確認するか ……………………051
　　　2．企業概況で押さえておきたい項目 ………………055
　第5節　社内体制をつかんでおこう ………………………057
　第6節　ビジネスモデルを理解しよう ……………………058
　　　1．ビジネスモデル俯瞰図とは ………………………058
　　　2．俯瞰図から何を読み取るか ………………………059
　　　3．俯瞰図の作成事例 …………………………………061
　　　4．俯瞰図のチェックポイント ………………………063
　第7節　事業領域（ドメイン）を知ろう …………………065
　第8節　外部環境の情報を収集するには …………………067

第3章　企業の事業内容を確認する

　第1節　取引先企業のここを見よう ………………………072
　第2節　財務データからつかもう …………………………075
　　　1．損益計画書のチェックポイント …………………075
　　　2．貸借対照表のチェックポイント …………………077
　　　3．キャッシュフロー計算書のチェックポイント …079
　第3節　資金繰り表からつかもう …………………………080
　第4節　製・商品・サービスのここを見よう ……………084
　第5節　取引先の内容を時系列につかもう ………………088
　第6節　販売先をつかもう …………………………………092
　第7節　仕入先をつかもう …………………………………094
　第8節　部門別につかもう …………………………………096
　第9節　事業内容把握のためのチェックポイント ………100

第 4 章　企業の強みを伸ばす支援をする

第 1 節　金融機関にできることは何だろう……………106
　1．企業の強みを数値で捉える ………………………106
　2．企業の強みを金融機関が教える …………………107
　3．金融機関の経験・ノウハウを活用する……………108
　4．中小企業支援に取り組む …………………………110
第 2 節　企業の強みを伸ばす支援をしよう……………111
第 3 節　視点を変えるアドバイスをしよう……………116
　1．事業領域に関するアドバイス ……………………116
　2．アイデアの広げ方を伝える ………………………118
　3．ドメイン見直し時の留意点 ………………………120
第 4 節　取引先の強みをつかもう ………………………121
　1．取引先の強みを見てみる …………………………121
　2．販売力、技術力を評価する ………………………123
第 5 節　強みと弱みを分析しよう ………………………127
　1．SWOT分析とは ……………………………………127
　2．クロスSWOTとは …………………………………127
第 6 節　課題を整理し改善の優先順位をつけよう……129
　1．取引先の課題を整理する …………………………129
　2．課題に対する改善策を整理する …………………130
第 7 節　売上を伸ばすアドバイスをしよう……………132
　1．売上を伸ばすための支援とは ……………………132
　2．売上を伸ばすアドバイス …………………………133
第 8 節　事業計画書の策定支援をしよう………………134
　1．事業計画書作成の必要性 …………………………134
　2．事業計画書に記載する内容 ………………………136

目 次

　　3．企業側の目標との目線合わせ ……………………………137
　　4．アクションプランの策定 …………………………………138
　第9節　そして融資につなげよう ………………………………140

第5章　事業性評価に基づき融資を実行する
　事例1　運送業のケース …………………………………………146
　事例2　食品製造業のケース ……………………………………158
　事例3　飲食業のケース …………………………………………170
　事例4　建設業のケース …………………………………………184
　事例5　自動車部品製造業のケース ……………………………197

　なお、本書に記載する金融庁による指針・金融検査マニュアル等は平成28年10月時点の内容であり、今後、改正・変更になる可能性があります。最新の情報は金融庁のホームページで確認してください。

第1章

事業性評価を理解する

金融機関の融資渉外担当者にとっての「事業性評価」とは、取引先企業の事業内容をよく見て聞いて調べ、業績の安定性や成長可能性を適切に判断することであると言えます。この判断を踏まえ融資や助言を行うことで取引先企業が成長し、地域経済は活性化し、そして自金融機関の業績向上へつながってきます。
　本章では、「事業性評価」とは一体何なのか？　そして、これを推進することになった背景や考え方、そして行うことによって何が得られるのか、その意義などについて解説します。

第1節　事業性評価とは何か

1 事業性評価とは

　融資渉外担当になったばかりの人や、これから担当になる人は、この「事業性評価」という言葉を聞くのは初めてかもしれません。
　金融機関の監督官庁である金融庁は、毎年、今後1年間の金融機関に対する監督、指導等の基本的な方針を打ち出しており、金融機関はこの方針に沿って各事業戦略や活動内容、重点施策などを決めています。「事業性評価」とは、平成26年9月に金融庁が公表した「金融モニタリング基本方針」の重点施策において取り上げられたキーワードです。
　この基本方針では「金融機関による金融仲介機能の発揮にあたり、借り手企業の事業内容や成長可能性を適切に評価したうえで融資や助言を行うこと」が求められています。つまり、皆さんが融資先企業に対し与信判断を行う際は、担保や保証の有無に過度に依存するのではなく、取引先企業の「事業の実態」を正しく捉え、その将来性、収益力や市場動向などを総合的に判断しましょうということです。
　若手行職員である皆さんにとっての「事業性評価」とは、取引先の現

状（事業、組織、財務など）をしっかり見て聞いて分析して、この企業にはどのような強みがあるのか、またはどのような課題を抱えているのかという点を導き出し、強みを一層伸ばしたり、課題を解決するための策などを経営者と一緒に考え、そのための資金や助言を提供することです。その結果、取引先企業の業績が改善し、その企業と取引のある地域の企業も良くなり、地域経済が活性化し、最終的に地域経済を支える金融機関の業績も良くなるという流れになります（**図表1−1**）。

言い換えると、取引先企業の「事業基盤」（経営理念、経営者、組織体制など）と、「事業形態」（どこから何をいくらで仕入れ、どのように製造・加工を行い、どこへいくらで販売・サービスの提供を行っているか）、そして「市場環境」（動向、規模、見通しなど）について、過去〜現在〜将来にわたって企業の実態を定性面と定量面双方から深堀りするということです。

したがって、まず取引先企業のことをよく知ることが「事業性評価」の入り口になります。

〈図表1−1〉 事業性評価の定義

事業性評価

＜広義の事業性評価＞
- 取引先企業の実態把握
- 成長可能性を評価した融資や助言の実行
  - ➡取引先企業の成長
  - ➡地域企業の業績向上に波及
  - ➡地域経済活性化
  - ➡最終的に自金融機関の経営基盤が強固になる

＜狭義の事業性評価＞
- 担保や保証に依存しない融資
- 事業性評価シートの作成（作業）

2 事業性評価の流れ

それでは、「事業性評価」とは、どのような流れで進めたらよいのでしょうか？

一般的には次の①～⑧の手順で進めます。

なお、本書では企業の「実態把握」から、これに基づく「融資や助言」までを一連の流れとして取り扱います。

【事業性評価の流れ】

①対象先企業を決める
②事前調査を行う
　企業概況を確認、外部環境調査など
③ヒアリングの実施
④情報の整理
　現状把握と、ニーズ・課題の抽出
⑤検討と手続き
　安定性や成長性の判断（キャッシュフロー、損益黒字など）
　強み・弱みの分析
　課題を整理、解決策の立案
⑥融資や助言の提案（条件提示：金利、手数料など）
⑦契約、実行
⑧モニタリング（事後フォロー）

この調査・分析により、企業の技術力や営業力などの強みや弱み、市場での位置づけなどをしっかりと把握し、将来の見通しを立てたうえで、融資や助言につなげていきます。その結果、取引先企業と自金融機関の安定性や成長に寄与することになります。

なお、この「事業性評価」とは企業の実態を把握するためのプロセス

であって、(資料作りという) 目的＝ゴールではありません。その調査やヒアリングを通じて取引先の現状を正確に把握し、強みや弱み、課題などを自分なりに分析し、ここから融資のニーズやネタを引き出したり、課題を解決する助言 (事業承継やM＆A、ビジネスマッチングなど) を提供することが目的ですので、常にこうした視点を持って取引先企業と接することが大切です。

3 事業性評価の進め方

それでは、前述の流れに沿ってそれぞれの内容について解説します。

(1) 対象先企業を決める

理想はすべての取引先に対して行うことですが、現実には難しいことから、一定の基準で数社をピックアップします。まずは、支店の取引先企業の中から、融資量で上位の数社、これから融資推進を図ろうとしている先、債務者区分 (格付) などに応じて決めます。

(2) 事前調査を行う (企業概況を確認、外部環境調査など)

既存融資先であれば企業の取引ファイルがありますので、まずはこれを一読し、事業概要や過去の取引状況などを確認します。また、決算書を見れば科目明細の「売掛金」「買掛金」欄で主な販売先、仕入先なども分かります。これらの情報をもとに、「俯瞰図」(後述) などを準備することで、有効なヒアリングが可能になります。

新規先で資料がない場合でも、企業年鑑や帝国データバンク、東京商工リサーチ等のレポートを活用することで財務内容、事業概要などある程度のことは分かります。また、中小企業でも充実したホームページを作成しているところは多いので、会社パンフレットなどと併せて見ることで事業の流れや製・商品の内容を把握することができます。外部環境

については、業種別審査事典や業界紙、業界団体のホームページを読めばかなりの情報を得られます。

こうして事前に準備した情報を持ってヒアリングに臨むのと、行きあたりばったりのスタンスで臨むのとでは、経営者の反応や得られる情報量は大きく異なってきます。

（3）ヒアリングの実施

若手行職員の皆さんの中には、企業経営者と話をすることに苦手意識を持つ人が多いのではないでしょうか。筆者も若いころはそうでした。共通の話題もなければ、こちらも相手のことをあまり把握していないので面談も深まらず…ということもありました。

ところが、共通の話題はあるのです。これこそが取引先の「事業内容」であり、しっかりと事前準備をして経営者にヒアリングすれば、いくらでも話してもらえるようになるのです。

このヒアリングの目的は、取引先企業の「実態を知ること」であり、企業の現状、強みと弱み、課題、ニーズ等を確認します。場合によっては、社長や経理担当者以外に加え営業部門のスタッフなどに同席してもらうことで、より理解が深まります。なお、このヒアリングは、事前にある程度仮説をもって臨むことが必要です（この企業はこうした課題があるだろう。こういう提案ができないかなど）。

（4）情報の整理（現状把握と、ニーズ・課題を抽出する）

ヒアリングした内容や財務内容などを踏まえ、会社の現状について、定性・定量の両面から整理します。具体的には、経営方針に始まり、経営陣を始めとする組織、業績のトレンドや今後の見通し、製・商品のライフサイクルや採算状況、取引先との関係性、競合との優劣、資金繰りなど多岐にわたります。この過程において疑問に感じたことや不明な点は、繰り返しヒアリングすることで、より精度が高まります。

また、整理する際は、「企業概況表」（第2章参照）のような形式にまとめることで、支店内や本部、後任者とも情報共有しやすくなります。

（5）検討と手続き（安定性や成長性の判断など）

担当者である皆さんがまとめた企業ファイルや企業概況表などに基づき、部店内で（場合によっては本部を交え）取引先企業の現状把握と将来性の検討、今後の取組方針などについて判断していきます。なお、皆さんにとっては最終的に融資や助言につなげることが目的ですから、取引先企業が今後も安定したキャッシュフロー、利益を上げられるかという点がポイントになります。

また、この段階で経営者に提示する「気づき」や「改善策」等の新たな資金ニーズの「ネタ」についても具体的に検討します。

補足ですが、この段階で稟議や事前協議などの手続きをしておいた方がよいでしょう。というのも、支店や担当者が取引先企業に提案を行い、経営者もやる気になったものの、いざ稟議を申請したら不承認となることもあるからです。そうすると、企業からの信頼を一気になくしてしまいますので、この点は十分確認して進めましょう。

（6）融資や助言の提案（条件提示：金利、手数料など）

自金融機関で方針を定めた後は、顧客へ各種提案を行います。これを成約させ、取引先企業、金融機関双方がWIN-WINの関係となることが、皆さんにとって当面の目標となります。

当然ですが、どんなに素晴らしい提案であっても顧客のニーズにマッチしなければ受け入れられませんし、また、他の金融機関との条件面での競合や提案内容の差別化などについても織り込む必要があります。

（7）契約、実行

顧客が提案を受け入れてくれると、融資であれば実行、助言であれば

実際に事業承継やM＆Aなどに着手します。

　こうして1社でも成功事例ができると他社でも活用できますし、皆さんの業務知識・スキルもどんどん広がってきます。これら成功事例を積み上げることで「事業性評価」の精度も向上するので、支店・本部間でも情報を共有するようにしましょう。

(8) モニタリング（事後フォロー）

　融資や助言は実行して終わりではありません。取引先企業にとっては、むしろここからが本格的なスタートです。

　したがって、金融機関としてはその後の進捗や業績への影響がどうなったのかをしっかりとフォローする必要があります。順調であれば次の提案に結びつく可能性もありますし、低調であればその要因を捉え改善策の提案などを行うことで、顧客とのリレーションはより強固なものとなります。

　以上が、取引先企業の「実態」をつかみ、これに基づく融資・助言までの一連のプロセスになります。

　この流れにおいては「経営者と事業について話す」という行為が必須です。そして経営者に話してもらうためには、皆さんが取引先企業の「事業」に関心を持ち、事前に調査し、訪問時に経営者へ的確な質問を行いながら話を引き出していくしかありません。待っているだけで経営者が自分だけに有益な話をしてくれることなど、まずありません。

　取引先企業の成長、地域経済の活性化、金融機関の経営基盤強化というサイクルを構築するために、まずは融資渉外担当者である皆さんが「事業」に関心を持つという第一歩を踏み出していきましょう。

　第2章以降では、融資渉外担当者が取引先企業の「事業」をどのようにして把握すればよいか、また、融資や助言の「ネタ」を発見する視点などについて解説します。経営者から話を引き出すためのツールなども紹介しますので、ぜひ参考にしてください。

第1章　事業性評価を理解する

〈図表1－2〉融資渉外担当者における事業性評価のイメージとポイント

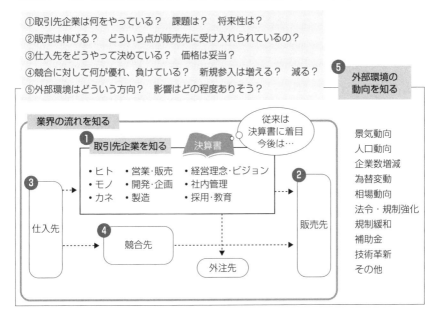

第2節　事業性評価が求められる理由

1　事業性評価が求められる背景

　それでは、なぜ「事業性評価」という考え方、手順が求められるようになったのでしょうか？　そこには、大きく分けて2つ（金融機関サイドと中小企業サイド）の背景があります。

　まず、金融機関サイドの要因から見てみましょう。

　皆さんも日頃から実感していると思いますが、金融機関を取り巻く環境は年々厳しくなっています。詳しくは次節で解説しますが、政府や日本銀行などによる景気刺激策も、現時点では中小企業の設備投資や資金ニーズの活性化には至っていません。したがって、数少ない優良企業等

に対して多くの金融機関が集まることで激しい金利競争となり、金融機関の体力消耗につながっています。

こうした消耗戦から脱却し、適正な金利で融資を獲得するためには、企業が真に必要とする成長資金や、改善に向けた資金を提供することが必要であり、そのためにも、取引先の実態をしっかりと把握することが求められます。この取引先企業の実態把握から融資・助言につなげるまでの一連の流れを行うことにより、最終的に金融機関が安定した収益を確保することにつながるのです。

また、金融機関の人材面にも課題があるようです。

筆者は年に数回、金融機関において融資研修やセミナーを行っています。そのなかで、金融機関の人事担当者から「若手職員が企業経営者と話ができない、お願いセールスから脱却できない、そもそも取引先企業がなぜお金（融資）が必要なのか分かっていない」という深刻な相談を受けることがあります。これを解決するためには、若手行職員が取引先に関心を持ち、取引先企業の「事業」をしっかりと見て調べ、そして理解するしかありません。

この取引先企業のことを知る過程で、融資や助言の「ネタ」を発掘できると、安定した金利収入やコンサルティング機能の発揮となり収益確保につながります。加えて、金利競争によるお願いセールスからも脱却できることになります。

次に、中小企業サイドの要因を見てみます。

多くの中小企業は、金融機関に自社の実態を理解してもらうことを望んでいます。しかしながら、金融庁による取引先企業へのヒアリング結果では、多くの企業経営者は金融機関が自社の事業を理解できていないと回答しています。

中小企業の中には（小説の「下町ロケット」に出てくるような）特殊な技術やノウハウを持った有力な先もあります。しかしながら、皆さんの取引先の大半は営業力、技術力、管理力、資金力などにおいて脆弱な

先が多く、今後も安定的な経営を続けるためにも金融機関に自社のことを理解してもらい、自社の実態に合う支援（融資・助言、取引先紹介など）を期待しています。

ところが、金融機関は担当者が頻繁に変わることもあり、企業の実態や特性、強みや弱みを把握できているとは言えず、企業経営者の不満につながっています。逆に言うと、ここをしっかり行うことで、他金融機関に対して大きく差別化が図れるということです。

事業性評価とは、決して特別なテクニックなどではありません。繰り返しになりますが、取引先企業のことをよく見て聞いて調べることで「実態」を把握し、今後も安定して利益、キャッシュフローを維持できるかを判断したうえで、企業の成長に向けた融資や助言を行うことです。

つまり、取引先企業にとって最適のソリューションを提供するために、まずは相手のことをしっかりと知ろうということです。単に融資判断において担保や保証に依存しないということではありません。これらプロセスを経ることによって顧客のニーズを掘り起こし、最適な融資や助言につなげようということに尽きます。

したがって、これら金融機関サイド、中小企業サイドの課題や要望を踏まえ、今後も金融機関が安定的に収益を確保し、地域活性化につなげるためには、現場レベルからの事業性評価に基づく融資、助言が欠かせないとして、金融庁は監督指針などで重要施策としています。

2 どんな顧客に対して行うか

前述の通り、すべての取引先に対して事業性評価を行えるとよいのですが、人、時間等の制約もあり現実的に難しいでしょう。よって、各金融機関や各店舗の事情に応じある程度ターゲットを絞って進めていくことになります。

図表1－3は、取引先企業を業績に応じて分類したものであり、各々

〈図表1－3〉取引先の区分

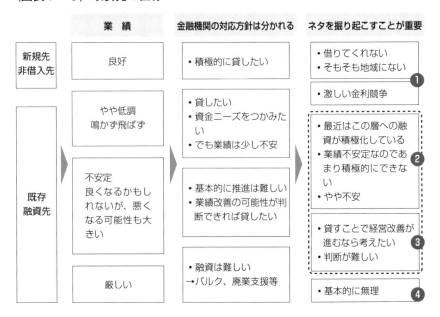

に対する融資スタンスも決まっています。

　まず、①は地元の優良企業であり財務内容等も問題ない先です。したがって、近隣競合との激しい金利競争の対象となっている、もしくはそもそも資金需要がない先です。債務者区分で言うと正常先上位のイメージです。

　②は時々赤字になったり借入金が多いなど、業績にやや問題を抱えているクラスで、債務者区分は正常先下位～軽度の要注意先になります。今後の業績見通しはそこまで問題ないと判断し、今はどちらかというと積極的に融資を行っている層になります。金利の低下は著しく、1％を切る水準で他金融機関と競争することもあります。

　③は融資したいが、業績は不安定で財務内容にもやや大きい問題（過小資本や軽度な実質債務超過）を抱えているなどの先が該当します。債務者区分は要注意先以下になります。借入金をリスケ（返済条件変更）

している先も含みます。

④はキャッシュフローのプラス化が見えない厳しい先（大幅な債務超過、過剰債務）になります。

このなかで、若手である皆さんが担当するのは、大体この①〜②、場合によっては③になると思います（ちなみに、筆者が金融機関から紹介される顧客層は③〜④が中心）。

このなかで、皆さんが事業性評価の対象として抽出するのであれば②③あたりになると思います（本表には入っていないが、創業企業やベンチャー企業も対象）。このクラスの企業の実態をつかみ、資金ニーズの発掘や経営改善支援に伴う融資が獲得できれば、金利競争に陥ることも少なくなるでしょう。言い換えると、②③、場合によっては④の取引先であれば相応の金利を確保することも可能になります（ただし、引当金等の考慮は必要）。

3 従来の融資判断との違い

それでは、これまでの融資の進め方と事業性評価に基づく場合とでは何が違うのでしょうか？

筆者は、本質的には何ら変わらないと考えています。きれいごとになりますが、融資判断は企業のことを知ったうえで対応するのが当然であり、担保や保証に依存すべきものではないからです。しかしながら、目先の目標（ノルマ）に追われる担当者としては1社にそれほど時間をかけられないことも理解しています。

ですから、今後は何でも融資・助言につなげるべくアンテナを高く張ることからスタートします。例えば、新聞、雑誌、ニュース、ネットでも取引先に関連する内容をこれまで以上に気にかけて、都度社長に情報を提供することで話は弾みますし、他金融機関との差別化も図れます。

そもそも、事業性評価とは作業（例えば事業性評価シートを作ること）

を行うことではありません。取引先との対話を通じ理解を進め、融資等を通じて取引先企業の成長、地域経済の活性化、最終的に自金融機関の発展につなげることが目的です。そうすると、取引先1社にマル保貸出や投資信託を売るという狭義の目標から、取引先の成長に貢献するといった、よりマクロな目標に変わってくるはずです。

　これこそが「事業性評価」を行ううえでの本質だと思います。

【財務分析と事業分析の違い】

財務分析	事業分析
企業を決算等の数値面から捉える ・損益計算書の分析 　（売上高推移、固定費・変動費） ・財務指標分析 　（伸び率、同業他社比較） ・生産性分析　など	企業を経営基盤、営業内容、製・商品、商流など事業面から捉える ・外部環境分析 　（動向、位置づけ、競合分析など） ・内部環境分析 　（製・商品、組織、業務運営など） ・強み、弱み分析 ・課題と解決策の検討　など

4　企業が金融機関に求めているもの

　次に紹介しているのは、金融庁が平成27年12月に公表した「企業ヒアリング結果」の一部です。従来、金融庁は金融機関のみに面談を行ってきましたが、昨年より中小企業との対話を行い、金融行政に活かすことを開始しました。

　ここでは「厳しい声」、「評価する声」の双方がありますので、皆さんも自分に向けられたことと思って一読してみてください。

企業ヒアリング結果（平成27年12月21日公表）

【厳しい声】
- 金融機関には、当社の経営成績や事業内容を聞いてもらいたいが、当社に関心がないように感じられる。
- 銀行や担当者に変化があるとは思えない。金融機関は依然として担保や保証に依存している印象がある。例えば、借入れがなくても、金融機関はいつでも融資できるようにと保証は外さないなど変化はみられない。
- 借り入れた設備資金の返済を求めるのみで、運転資金や機械設備の修理・更新に係る融資に一切応じてくれなかった。こうした対応をとる一方で、3、4年前には支店の業績のため、期末に資金需要に基づかない短期間の借入れを要請され、やむなく借り入れたことがあった。
- 本部の審査課長が工場視察に立ち寄った際、製造業の品質管理の基本を全く理解していないことに愕然とした。せっかく営業店の担当者が理解（サポート）を示してくれても、権限のある上層部の方に理解してもらえていないと、組織として支援をしてもらえるのか不安である。
- 当社はニッチマーケットを相手にしているため、金融機関に対し、こちらからこういったことができないか（ex. 海外展開、海外決済など）と提案しても、なかなか満足のいく情報や回答はない。一方、地銀と比較して、主要行は海外展開支援などの付帯サービスが充実しており、政府系金融機関においては、全国規模で比較された情報の提供がある。
- 情報提供もないのに訪問されても、面倒と感じている。行員の能力はそれなりに高いが上から目線であり顧客優先といった感じがない。本部が強くトップダウン的な体質と感じ、営業現場を知ら

ないのではと思える。
● 担当者が2～3年で異動し、その度に事業内容を一から説明することとなり、信頼関係が構築できない。

【評価する声】
○ 銀行が、当社（1次下請）だけでなく、3次下請先までヒアリングを行い、地域全体の業界分析まで行ってくれて、非常に有難い。
○ 当社は過去にかなり経営が厳しい時期もあったが、メイン行にはその際に支えてもらった恩義もある。頭取は、当社の設備資金について適切に対応するよう行内に指示するなど、当社の存在意義をよく理解してもらっている。
○ 現在のメインは、①疑問があれば質問を投げかけ解決すること、②担当者の変更があれば工場見学すること、③引継ぎがしっかりしていること等、積極的に当社を理解する姿勢がみられており、それが当社のニーズを理解し、見合った融資提案につながっていると感じている。
○ 過去、当社の業況が非常に苦しい時に、債権放棄を含めた経営再建支援に深く関わってくれたほか、行員の派遣による人的支援も受けており、当社にしっかりと寄り添って支援してくれていると評価している。
○ 準メインではあるが、今までの金融機関と違い、融資先と一緒になって問題を解決し、成長していこうという姿勢が見られる。
○ 支店が近く、当社に週3日訪問してくれるなど、対応がきめこまやかであることから入金処理等を依頼している。また、当社の内情もわかっていることから、金額が大きい融資にもスピーディーに対応してくれる。
○ 従前は、代表者・専務2人の個人保証を付けていたが、ある銀行

> が自主的に解除してくれて、追加の担保も不要であった。当社の状況を確認しながら対応してくれたと感じた。判断するのは銀行側だという意識があったため、当社から解除してもらうよう持ちかけたことはなかったが、1年半ほど前から、解除してもらえるケースが徐々に増えた。

　少し脱線しますが、筆者はコンサルタントとして、金融機関とクライアントの面談に同席することがあります。

　そのなかで気づいたことですが、融資を多く獲得している＝成果を上げている担当者は、まず融資の提案から切り出してきません。常に、顧客にマッチした情報提供やビジネスマッチング案件、新聞や雑誌の切り抜きや他社の成功事例、経営改善策（ネタ）など、多くの情報を用意して話を進め、これに融資が必要であれば対応させてくださいという程度に留まっています。逆に、「何かないですか？」「マル保の空枠を使ってください」などといったお願いセールスに訪問する人もかなり多いのが実態です。

　前者は、経営者も新たな気づきや情報を入手できますし、他金融機関との差別化も図れているので反応は一様に良好です。一方、後者では時間を損したという感想を聞くことがあります。このように、皆さんが企業を評価するのと同じく、企業側も金融機関や担当者を評価しています。

　一社にそこまで時間をかけられないということは理解できますが、事業性評価を行う企業を深堀りすることで、皆さんの視野が大きく広がってきます。経営者へのヒアリング一つをとっても、しっかりした準備によりうまく進むケースもあれば、失敗することもあります。これも経験がものをいいます。

　本書はそれを補うためのものですので、第2章以下のノウハウを活用してください。

第3節　金融機関を取り巻く環境の理解

「事業性評価」というキーワードが着目され始めた当時（平成26年）は、アベノミクスによる円安、物価・株価上昇の流れにありましたが、今は中国経済の縮減やイギリスのEU離脱の行方がどうなるのかなど、世界的に経済の不透明感があります。また、国内でも景気刺激策としてマイナス金利が導入されるなど、地域金融機関を取り巻く環境は一段と厳しくなっています。

以下では、金融機関を取り巻く環境（**図表1－4**）と、主な指標について解説します。

〈図表1－4〉金融機関を取り巻く環境

Ⅱ．競合との競争
- メガバンクによる海外進出支援
- 地域金融機関との激しい競争
- 進む、合併・統合の流れ

Ⅰ．市場動向の変化
- 人口減少
- 企業数減少
- 為替変動
- マイナス金利
- 海外進出
- 地方創生

自金融機関

Ⅲ．新規参入・代替品
- フィンテック、AI
- 異業種からの参入
- ネット銀行の拡大
- クラウドファンディング

Ⅳ．業界の課題
- 本業収益低下（利ザヤ縮小、預貸率低下）
- 融資先の二極化・業務内容複雑化
- 人材不足
- ベンチマークへの対応

第1章 事業性評価を理解する

1 金融機関の貸出残高の推移

　金融機関の貸出金残高は、足元ではここ数年の政府や日本銀行等による景気刺激策もあり、大手企業向けに留まらず一部中小企業向け貸出においても増加基調にあります（平成28年8月時点）（**図表1－5**）。

　全国銀行協会のデータによると、平成28年8月末時点の銀行の貸出残高は468兆円となっており、前年同月比で10.1兆円（＋2.2％）増加、60ヵ月連続で前年同月末比増加となっています。内訳としては、都市銀行は186.6兆円（前年同期比△1.2兆円、△0.6％）、地方銀行は186.9兆円（同＋7.1兆円、＋4.0％）、第二地方銀行は49.1兆円（同＋1.6兆円、＋3.4％）になります。都市銀行は3年9ヵ月ぶりに貸出残高が減少しましたが、地方銀行は高めの水準を維持しています。

　しかしながら、地域金融機関の実態としては、貸出を伸ばすために東

〈図表1－5〉 金融機関の貸出残高推移

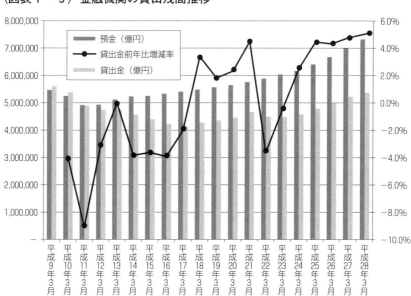

出所：全国銀行協会　全国銀行総合財務諸表より筆者編集

京などの大都市圏や近隣他府県・都市における、主に優良企業向けに相当な低金利での貸出競争に陥っているとされています。

筆者が銀行に勤務していた時代は、地場の中小企業に対する貸出金利は２％前後が中心でしたが、今では同様の企業が１％を切る金利で調達することが一般的になっています。筆者のクライアント（正常先下位ランク）でも0.3％以下の水準で提案があるなど、正に熾烈な貸出金利競争の状況にあると感じています。

また、国内の人口推移に関しては、国立社会保障・人口問題研究所が公表した推計によれば、平成24年以降、37年までの間、すべての都道府県で高齢化が進展し生産年齢人口は減少し続けると予想しています。これに基づけば、全国的な人口減少に伴い将来的に貸出が縮小することは十分想定されます。

こうした状況を踏まえて、金融庁は平成28年９月に公表した平成27事務年度「金融レポート」において、預貸利ザヤの低下、人口減少に起因する貸出残高の減少という傾向を踏まえ、2025年３月期では、６割を超える地域銀行が本業である顧客向けサービス業務で赤字になるという推計を出しました。

つまり、今後は従来のように単純に貸出残高を積み上げることにより収益を拡大することは困難であることを想定し、顧客密着型などへのビジネスモデルの転換を促しています。

2 預貸率の低下

預貸率とは、皆さんが集めた預金等のうち、貸出金として運用されている割合を示したものです。そしてこの比率が高いほど貸出が積極的に行われており、低い場合は有価証券などで運用しているということになります。

金融機関の預貸率は年々低下してきましたが、現在は70％程度で下げ

止まりした状態にあります。金融機関別の内訳を見てみると、メガバンクは約55％、地方銀行は約70％、信用金庫・信用組合は約50％という水準になっています。

　ここ数年間は、大胆な金融緩和等を受け金融機関の貸出残高は増加していますが、大きく伸びているのは海外でのM＆Aを積極的に行っている大企業、地方自治体、海外向け、国内中小企業では不動産業向けの融資が中心となっており、製造業などによる設備投資等の資金需要は依然として伸び悩んでいます。また海外向けも世界経済の不透明さから縮小傾向にあります。

　したがって、金融機関による貸出金以外の資金運用としては、かつては国債、最近は海外株式等で運用されてきました。これらは、各種金融機関のディスクロージャー誌に記載されていますので、一度確認してみるとよいでしょう。

　なお、平成28年9月時点では、ゼロ金利を起因に国債利回りは低下しマイナスになり、金融機関も資金運用先の見直しを迫られています。本書ではこれらの動向には触れませんが、どちらにしても今後は、「事業性評価に基づく融資」という地道な融資推進による収益力の確保が求められるでしょう。

③ 預貸利ザヤの低下

　金融機関にとって最大の収益源は預貸利ザヤ（貸出金利－預金金利）です。前述の通り、融資貸出残高は一時的に持ち直しているものの長期的には減少する可能性が高く、また預貸バランスも低迷しています。これらに加えて、預貸利ザヤも著しく縮小しています。

　つまり、預貸出金の収益源である貸出量は伸び悩み、利幅も下がるという非常に厳しい環境にあるということです。まさに皆さんが毎日実感していることでしょうが、国内市場金利自体が低下していることに加

え、金融機関同士の激しい貸出競争により金利低下に歯止めがかからないという状況です。

図表1－6の通り、この預貸利ザヤは平成13年には1.82％ありましたが、ここ数年の資金ニーズの減少、過当な貸出競争に伴う金利低下により、平成27年は1.16％となっており、わずか14年間で4割近くも縮小するなど、金融機関の収益構造に大きなインパクトを与えています。また、最近は少しずつ改善傾向にありますが、金利の低い保証協会付融資を優先したことで、プロパー貸出への取組みが減っているという要因もあります。

これら以外にも、クラウドファンディングや融資ファンドの拡大、異業種からの参入が相次いでいることや、そもそも金融機関が付加価値を十分に提供できていないことが要因ではないかということも指摘されています。

〈図表1－6〉金利の推移

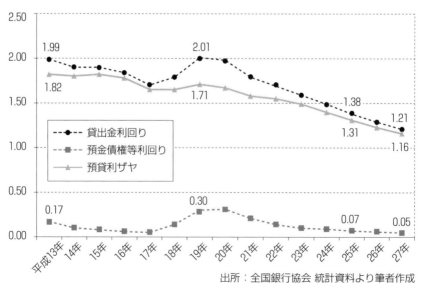

出所：全国銀行協会 統計資料より筆者作成

4 進む地域金融機関の合併、経営統合

　金融機関を取り巻く環境の変化に加え、新たに異業種からの参入や、フィンテックの推進などによる業務内容の変化などが進むなか、地域金融機関の再編機運は高まっています。特に、ここ2年間は大手地方銀行の連携や経営統合が進んでおり、この流れはしばらく続くものと考えられています。

　したがって、今後は単なる預金・融資業務・金融商品販売など従来型のサービスを提供するだけでなく、取引先企業の実態を十分に把握し、コンサルティング機能の発揮を始めとする付加価値を提供することで、他金融機関と差別化を図り、選ばれる金融機関、選ばれる役職員になることが（そして皆さん自身が）、生き残りをかけるためにも必要だと言えます。

5 金融仲介機能のベンチマーク

　平成28年9月に、金融庁は前述の平成27事務年度「金融行政方針」に対する過去1年間の進捗状況や実績を評価した「金融レポート」を公表しました。

　これは3部構成となっており、Ⅰ．我が国の金融システムの現状、Ⅱ．金融行政の重点施策に関する進捗・評価、Ⅲ．金融庁の改革が示されています。このうち、皆さんにとっては、Ⅱの1．金融仲介機能の十分な発揮と健全な金融システム（2）地域金融機関の項目が最も関連する内容になります。

　ここでは、金融庁が「将来の人口、預金・貸出金の残高見通し、預貸利ざやの縮小などを推計した場合、地方銀行の6割超が本業である顧客向けサービス業務（貸出・手数料ビジネス）において、赤字に転落する」という衝撃的な予測をしています。つまり、金利低下が継続するなか、

地域銀行全体として預貸利ザヤ縮小を融資拡大でカバーできない状況が続いており、今後、人口減少等により借入需要の減少が予想されるなか、担保・保証などに依存した単純な貸出業務の収益性はさらに低下するおそれがあることが指摘されています。これは新聞にも大きく取り上げられていたので、ご存知の方も多いと思います。

　一方で、顧客企業の事業の内容をよく理解し、そのニーズに応え、企業価値向上への貢献を通じて、収益を確保するビジネスモデルを構築している銀行が存在しているなど、金融機関によって金融仲介の取組みの内容や成果に相当の差があることや、顧客企業も、貸出金利の低さより、事業の理解に基づく融資や経営改善等に向けた支援を求める傾向にあることなども指摘されています。

　こうした状況や結果を踏まえ、金融庁は本レポートと併せて、地域金融機関の金融仲介機能の発揮状況を客観的に評価できる多様な指標（「金融仲介機能のベンチマーク」）を発表しました。これは、すべての金融機関が金融仲介の取組みの進捗状況や課題等を客観的に評価するために活用可能な5つの「共通ベンチマーク」と、各金融機関が自身の事業戦略やビジネスモデル等を踏まえて選択できる50の「選択ベンチマーク」により構成されています。

　これら項目を数値化することで、金融庁と地域金融機関とが検査・監督で効果的な対話を行うとともに、金融機関がベンチマークを用い、自身の金融仲介の取組みを積極的かつ具体的に開示することで、企業に選ばれるようになるなどの効果を見込んでいます。

　以下に、共通ベンチマークおよび選択ベンチマークを記載しました。皆さんの業務に直結する内容ですので、ぜひ確認してください。（融資、事業性評価等に関する箇所を一部抜粋）

第1章 事業性評価を理解する

1．共通ベンチマーク

項　目	共通ベンチマーク
(1) 取引先企業の経営改善や成長力の強化	1．金融機関がメインバンク（融資残高1位）として取引を行っている企業のうち、経営指標（売上・営業利益率・労働生産性等）の改善や就業者数の増加が見られた先数（先数はグループベース。以下断りがなければ同じ）、及び、同先に対する融資額の推移
(2) 取引先企業の抜本的事業再生等による生産性の向上	2．金融機関が貸付条件の変更を行っている中小企業の経営改善計画の進捗状況
	3．金融機関が関与した創業、第二創業の件数
	4．ライフステージ別の与信先数、及び、融資額（先数単体ベース）
(3) 担保・保証依存の融資姿勢からの転換	5．金融機関が事業性評価に基づく融資を行っている与信先数及び融資額、及び、全与信先数及び融資額に占める割合（先数単体ベース）

2．選択ベンチマーク（一部抜粋）

項　目	選択ベンチマーク
(1) 地域へのコミットメント・地域企業とのリレーション	1．全取引先数と地域の取引先数の推移、及び、地域の企業数との比較（先数単体ベース）
	2．メイン取引（融資残高1位）先数の推移、及び、全取引先数に占める割合（先数単体ベース）
	3．法人担当者1人当たりの取引先数
	4．取引先への平均接触頻度、面談時間

（2）事業性評価に基づく融資等、担保・保証に過度に依存しない融資	5.	事業性評価の結果やローカルベンチマークを提示して対話を行っている取引先数、及び、左記のうち、労働生産性向上のための対話を行っている取引先数
	6.	事業性評価に基づく融資を行っている与信先の融資金利と全融資金利との差
	7.	地元の中小企業与信先のうち、無担保与信先数、及び、無担保融資額の割合（先数単体ベース）
	8.	地元の中小企業与信先のうち、根抵当権を設定していない与信先の割合（先数単体ベース）
	9.	地元の中小企業与信先のうち、無保証のメイン取引先の割合（先数単体ベース）
	10.	中小企業向け融資のうち、信用保証協会保証付き融資額の割合、及び、100％保証付き融資額の割合
	11.	経営者保証に関するガイドラインの活用先数、及び、全与信先数に占める割合（先数単体ベース）
（3）本業（企業価値の向上）支援・企業のライフステージに応じたソリューションの提供	12.	本業（企業価値の向上）支援先数、及び、全取引先数に占める割合
	13.	本業支援先のうち、経営改善が見られた先数
	14.	ソリューション提案先数及び融資額、及び、全取引先数及び融資額に占める割合
	15.	メイン取引先のうち、経営改善提案を行っている先の割合
	16.	創業支援先数（支援内容別）
	17.	地元への企業誘致支援件数
	18.	販路開拓支援を行った先数（地元・地元外・海外別）
	19.	Ｍ＆Ａ支援先数

	20. ファンド（創業・事業再生・地域活性化等）の活用件数	
	21. 事業承継支援先数	
	22. 転廃業支援先数	
	23. 事業再生支援先における実抜計画策定先数、及び、同計画策定先のうち、未達成先の割合	
	24. 事業再生支援先におけるDES・DDS・債権放棄を行った先数、及び、実施金額（債権放棄額にはサービサー等への債権譲渡における損失額を含む、以下同じ）	
	25. 破綻懸念先の平均滞留年数	
	26. 事業清算に伴う債権放棄先数、及び、債権放棄額	
	27. リスク管理債権額（地域別）	
（4）経営人材支援	（省略）	
（5）迅速なサービスの提供等顧客ニーズに基づいたサービスの提供	30. 金融機関の本業支援等の評価に関する顧客へのアンケートに対する有効回答数	
	31. 融資申込みから実行までの平均日数（債務者区分別、資金使途別）	
	32. 全与信先に占める金融商品の販売を行っている先の割合、及び、行っていない先の割合（先数単体ベース）	
	33. 運転資金に占める短期融資の割合	
（以下、省略）		

6 金融庁による方針

　以下は、平成28年10月に公表された平成28事務年度「金融行政方針」の中からポイントとなる箇所を抽出したものです。融資に関する項目と

しては「金融仲介機能発揮に向けた取組みの実態把握」「金融機関との深度ある対話」「開示の促進等を通じた良質な金融サービスの提供に向けた競争の実現」などが示されています。

若手行職員の皆さんには少し難しいかもしれませんが、ぜひ一度読んでみてください。

【金融行政方針（平成28事務年度）事業性評価関係（具体的重点施策より一部抜粋）】

（前略）
1．預金取扱金融機関
（1）金融仲介機能の質の向上
　　金融機関による金融仲介機能の質の向上に向けて、以下の取組みを進める。
①金融機関の取組みについての実態把握
（ア）「日本型金融排除」の実態把握
　　融資に関して、金融機関からは「融資可能な貸出先が少なく、厳しい金利競争を強いられている」との主張がなされている。他方で、昨事務年度に実施した企業ヒアリングでは、顧客企業からは「金融機関は相変わらず担保・保証が無いと貸してくれない」との認識が示されるなど、金融機関と顧客企業との認識に大きな相違があることが明らかになった。
　　このように、金融機関と顧客企業双方の認識に相違が生じている背景には、金融機関が、企業の事業内容を深く理解することなく、「十分な担保・保証があるか」、「高い信用力があるか」等の企業の財務指標を中心とした定型的な融資基準により与信判断・融資実行をすることで、そうした基準に適う一部の企業に対して融資拡大への過当競争が行われている

のではないか、との指摘もある。

　担保・保証がなくても事業に将来性がある先、あるいは、足下の信用力は高くはないが地域になくてはならない先は地域に存在する。企業と日常から密に対話し、企業価値の向上に努めている金融機関は、地域の企業・産業の活性化に貢献するとともに、自らの顧客基盤の強化をも実現させていると考えられる。そこで、各金融機関の融資姿勢等について、金融機関と企業の双方からヒアリング等を通じて実態を把握する。具体的には、十分な担保・保証のある先や高い信用力のある先以外に対する金融機関の取組みが十分でないために、企業価値の向上が実現できず、金融機関自身もビジネスチャンスを逃している状況（「日本型金融排除」）が生じていないかについて、実態把握を行う。

　また、公的金融機関は、民間だけではリスクをとりきれないが、支援に値する企業に対する応分のリスクテイクを行うことで、民間金融機関の活動を補完する役割を負っているが、そうした役割を実際に果たしているかについても併せて調査する。

　具体的には、以下の点に着目し、企業や金融機関からヒアリング等を行う。

a）与信判断における審査基準・プロセス、担保・保証への依存の程度（**事業性評価の結果に基づく融資ができているか**）
b）貸付条件変更先等の抜本的事業再生等を必要とする先に対する、コンサルティングや事業再生支援等による顧客の価値向上に向けた取組み
c）公的金融機関の融資・連携状況の実態把握（民間金融機関の融資と補完的・連携的か）

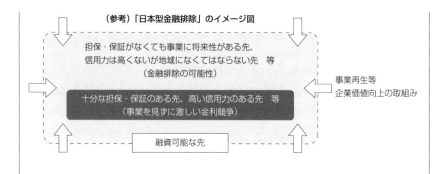

(中略)

②金融仲介の質の向上に向けての金融機関との深度ある対話

昨事務年度のモニタリングにおいては、企業から評価される金融機関は、取引先企業のニーズ・課題の把握や経営改善等の支援に向けた取組みを組織的・継続的に実施することにより、自身の経営の安定につなげていること等が確認された。

多くの金融機関が経営理念の中で、金融仲介機能を発揮し、取引先企業のニーズに応じた融資やソリューションの提供により、企業の成長に貢献していく方針を掲げているにもかかわらず、顧客に対し理念通りの行動ができていない金融機関も少なからずあるように見受けられる。どうすれば金融仲介の質を一層高めていけるか、上記①の実態把握や先般公表した「金融仲介機能のベンチマーク」等の客観的な指標を活用し、金融機関との間で深度ある対話を進めていく。

その際、そうした顧客本位の経営を真に実現するため、ガバナンスの状況、事業戦略・計画、支店のノルマ、業績目標・評価、人材育成、融資審査態勢等を含め、金融仲介の質の向上に向けて対話を行う。

③開示の促進等を通じた良質な金融サービスの提供に向けた競争の

実現

　金融機関が顧客本位の取組みについて十分な情報提供を行うことは、顧客が自らのニーズや課題解決に応えてくれる金融機関を主体的に選択することを可能とし、ひいては、良質な金融サービスの提供に向けた金融機関間の競争の実現にもつながる。
こうした観点から、以下の取組みを行う。

（ア）金融機関に対し、「金融仲介機能のベンチマーク」等の客観的な指標を活用し、その金融仲介機能の発揮状況について、積極的かつ具体的に開示するよう促す。

（イ）金融機関の事業性評価に基づく融資や本業支援等の組織的・継続的な取組みについて、優良な取組みを行っている金融機関を公表・表彰する。

（ウ）「経営者保証に関するガイドライン」及びその活用状況をより広く周知するために、金融機関による開示を更に促す。

（以下略）

第2章

企業の全体像を把握する

本章では、企業実態を把握するための手順と、「企業概況」「ビジネスモデル」など企業の全体像を捉える方法について解説します。

事前に準備する資料や、企業の全体像をまとめる「俯瞰図」の作成方法、押さえておくべきポイントなどを添付したので参考にしてください。

第1節　異なる金融機関と経営者の視点

1　金融機関は企業のここを見る

まず金融機関と経営者の視点の違いについて理解しましょう。

金融機関が企業を調査するとき、通常は決算書等の財務面から見ていきます。過去の損益実績（P／L）や財務内容（B／S）、キャッシュフロー計算書、資金移動表、資金運用表、資金繰り表、取引先／製・商品の売上推移や部門採算状況などを確認します。必要に応じて金融機関別の預金／借入残高推移や担保設定状況など他金融機関との比較も行います。

当然ですが、金融機関としては融資の返済可能性の判断を重要視することから、財務の安全性や収益力といった実績数値（財務面）によるアプローチが中心になっています。また、金融機関の格付システムは定量評価を中心に構成されているので、企業を数値化して捉えることが必要とされています。

2　企業経営者は自社をこう見ている

一方、企業経営者が最も重視するのは（筆者の経験上）売上高です。経営者は常にどうやって自社の業績を拡大するか悩んでおり、皆さんが想像する以上に販路拡大や取引先との関係のことを考え続けています。

そして、製造スケジュール（いついくら納品するか）や、組織上の問題（人員配置、評価、採用）、設備投資などが上位にきます。また、資金繰りにも高い関心を持っています。なお、資金繰り表は金融機関がよく見る月次形式ではなく、何日にいくら支払いがあるかという日繰り形式で見ているケースが多いです。

つまり経営者の視点は、常に事業のことが中心であり、物の見方も日常の業務に即しています。

3 これほど違う両者の視点

図表2－1は、金融機関が企業を見る際に注視する項目と企業経営者

〈図表2－1〉視点の違い

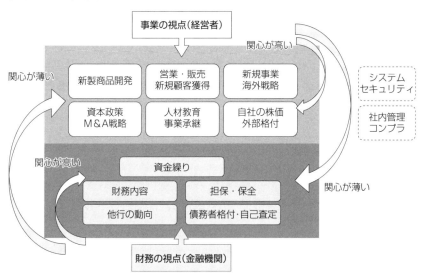

出所：金融財政事情研究会 澁谷耕一著「経営者の信頼を勝ち得るために」

が注視する項目を比較整理したものです。

これほど、金融機関と経営者の視点は異なっているのです。言い換えると、財務的視点と事業的視点ということです。

皆さんの中には、経営者に対して自分が知りたいことを聞いても、なかなか的確な回答を得られず困っている人もいると思います。そもそも、これだけ視点や物の見方が違う訳ですから、相手の考え方を理解したうえで接することが必要です。そうすることで経営者と目線が合い、情報や課題を共有することができ、解決策も導きやすくなります。

ここで、筆者が実際にクライアントと金融機関との面談に立ち会った際の応酬内容を見てみましょう。企業側から、新規取引開始に伴い資金繰りがややタイトになっているという話が出たシーンです。

〈実際の応酬内容〉

社　長：先月から大手のX社と取引を開始しました。これからは毎月50百万円程度受注が増える見込みです。ただ、回収条件はあまり良くないので、少し資金繰りがきつくなると考えています。

担当者：ちょうどよかった！　マル保の枠が空いているので借りてくださいよ。短期でも長期でもどっちでもいいですよ。

社　長：せっかく大手との取引が始まったのに、またマル保じゃないとダメですか？

担当者：マル保だとすぐに対応できるし、金利も安いですよ。実行は来週前半でいいですか？　ちなみに、まだ他行さんには言っていないですよね？

社　長：ええ、まだ言っていませんが。御行にお願いするかどうかも含めて、少し考えてから連絡しますよ…。

〈理想的な応酬話法〉

社　長：先月から大手のX社と取引を開始しました。これからは毎月50

百万円程度受注が増える見込みです。ただ、回収条件はあまり良くないので、少し資金繰りがきつくなると考えています。

担当者：へー、すごいですね！　どのような経緯で取引につながったのですか？

社　長：うちの仕入先のＹ商社がＸ社と取引していて、おもしろい製品を作る会社があると言って紹介してくれたみたいです。Ｘ社の仕入担当者も、うちの工場を見に来て気に入ってくれたようです。その後、何度か打ち合わせを行い、先月から取引を開始したところです。

担当者：それはよかったですね。当行も本店でＸ社と取引しているので、担当者に話をしておきます。

社　長：心強いですね。Ｘ社の仕入れ担当者の話では、まずは１アイテムからの取引ですが、ゆくゆくは５アイテムほどお願いしたいとおっしゃっていました。ただ、ありがたいお話なのですが、現在の工場のキャパシティではかなり厳しいので、人を増やすなど何らかの対策をとらないといけないと思っています。

担当者：そうですか。例えば、新たに機械を導入することで生産性の向上や、省力化やコスト削減も図れませんか？

社　長：全自動化できる機械があって、これが入ると生産量は相当アップします。Ｘ社との取引が軌道に乗るタイミングではぜひ考えたいですね。

担当者：その際は、ぜひ私どもで設備資金を対応させてください！　今回の運転資金も当行でお願いします。あと、これは今後のことですが、Ｘ社との取引拡大を踏まえて、事業計画書を作成されてはいかがでしょうか？　作り方については私どもでサポートしますよ。

社　長：そうですね。今後は事業規模が大きくなるかもしれないし、せっかくの機会だからやってみますか。

前者は事業の話には入らず、自身のセールスに終始しました。一方、後者はまずは事業面に関心を持ち、ヒアリングの幅を広げたことで、設備資金の話まで展開しました。経営者は新規受注が取れて前向きな気持ちになっているのに、表面的な質問やお願いばかりしてくる担当者から融資を受けたいと思うでしょうか？

　こうしたケースは実際に多いと思います。筆者もクライアントと金融機関との面談に同席しますが、質問はこれだけなの？　もしかして融資のお願いだけ？　数字や比率の質問だけなの？　という人と、どんどん深掘りして話が盛り上がる人とに分かれます。どちらで融資を成約しているかというと、よほどのメイン行でない限りは後者です。

　したがって、今後は決算書などの定量面だけでなく、事業（事業内容、取引先、組織、外部環境など）そのものに着目することで、質問や会話も格段に深まり、結果的に融資・助言の幅も広がってきます。

　事業（原因）と財務（結果）は表裏一体の関係です。皆さんが他の金融機関の行職員と違った視点を持ち、経営者が今最も関心を持っていることや悩んでいることに対して的確なアプローチをすることにより、信頼関係も構築されるでしょう。

第2節　事前調査を行ってみよう

　皆さんは取引先企業を訪問する際に、どんな準備をしていますか？

　筆者が若い頃は、商品のパンフレットとマル保の空枠調査を始め、金融機関の取引状況や財務分析資料の確認などを行っていました。これも、今思えば自分の営業の準備が中心で、顧客企業の事業内容を深掘りしようとか課題を探ろうなどという思慮は、なかったかもしれません。皆さんはそのようなことはないと思いますが、やはり多くの担当企業を持ち、加えて早帰りもあると、1社にそこまで時間をかけられないのが実情で

しょう。

　一方、面談相手である中小企業の経営者も、皆さんが想像する以上に時間がないものです。営業に始まり、人事、経理、役所との対応など業務の幅は幅広く（ほとんどすべてです）、加えて取引金融機関が多いとその分、面談や契約等の手数は増えます。そのような多忙な人と面談できる貴重な時間をもらえる訳ですから、当然事前準備をしっかりと行う必要があります。

　筆者がクライアントと金融機関との面談に同席する際に、こちらから見ていると準備の有無はすぐ分かります。厳しい言い方をすると、企業経営者も担当者のやる気や能力などを判断しています。

　したがって、他金融機関の担当者と差別化するには、取引先企業に関連する情報を事前に集め、（本日の面談の）ゴールを定めた（伝えた）うえで面談に臨むことが最良です。そして、面談の際に仮説などの事前に整理した内容が合っているか確認できれば、有意義な場となります。企業経営者も歯切れのよい面談をする担当者を信頼するものです。

　こうした、しっかりとした事前準備もいきなりできるものではありませんが、何度も経験を積むことでより深い面談ができるようになります。次の表を参考にして、自身のスタイルに合った準備を進めましょう。

【面談前に確認・準備する項目と資料】

資料名	チェックポイント
企業概況	・経営理念とビジョン ・沿革（ターニングポイントがあればその内容） ・業務の概要 　誰が、いつから 　何をやっていて（製造、販売、サービス提供） 　誰から何をいくら仕入れ 　何をどのように製造・加工等を行い 　誰へいくらで、どの程度販売しているか

会社HP パンフレット	・取扱製・商品、サービスの内容、価格、特徴、 　セールスポイントを確認しておく 　→経営者へのヒアリングの中心になる
財務内容	・できれば10年の推移を見る ・金額の大きい勘定科目は3期程度動きを見る ・疑問点はまとめておく
外部環境	・どの業界、業種に属しているか 　その動向、市場規模は拡大か？　縮小か？ ・競合にはどのような企業がいるか 　（近隣にいるか、全国ではどうか） ・最近の主なトピックス、技術革新等
取引先 （販売・仕入先）	・俯瞰図を事前に準備しておく（後述） 　仕入先、販売先、外注先などの名前、取引推移
金融機関取引状況	・シェア、金利、返済金額、資金使途など 　経営者が不満を持っていないか確認する

第3節　実態把握の流れを理解しよう

　図表2－2は企業の実態を把握するための大まかな流れです。
　まずは、①取引先企業の概況を把握します。この企業は何を製造／販売しているのか、どのような事業体制にあるのかなど、ヒト・モノを中心に全体像を把握します。また、社名の由来や沿革なども話を広げるうえで重要なので確認しましょう。
　②では皆さんの得意な財務分析を始め、数値を軸に企業を捉えていきます。なお、本書ではここの内容は簡易な記載に留めます
　③では「ビジネスモデル俯瞰図」という表を作成し、事業全体や取引関係を把握し課題を推測します。
　④では、中小企業は外部環境の影響を強く受けることから、その市場動向や位置づけ、指標などを押さえます。

そのうえで、⑤製・商品・サービスの内容、取引採算などを把握します。

これらを踏まえ、⑥取引先企業の強みや弱み、⑦課題の整理と解決策の検討を行い、最終的に⑧融資や助言につなげていく流れになります。つまり、企業のことを良く知るためには、次のステップが必要ということです。いきなりゴール（⑧融資、助言の実施）を狙うと、単なる貸出金利競争に陥ってしまう可能性もあります。

以下では、この流れに沿って解説を進めていきます。

〈図表2−2〉実態把握の流れ

第4節　企業の概況を把握しよう

1　企業概況では何を確認するか

企業の実態を把握するための最初の一歩は、企業概況を正確に把握することです。

誰が、どういう経緯でこの事業を開始し、どういう歴史を経て今に至

〈図表2－3〉 企業概況表の例

企業概況表

対象先	○○○○株式会社						
連絡先	03-1234-5678		住所	東京都千代田区○○			
業種	製造業		設立年月日	昭和25年4月1日		年商	420 百万円
(事業内容)	自動車部品製造業		代表者	○○○○（昭和○年1月1日生）		年齢	50 歳
資本金	30 百万円		従業員数（うちパート）			30名（10名）	
主要金融機関	① A銀行	② B銀行	③ C信用金庫		④ D信用組合	⑤ 政府系金融機関	

① 対象先・概要

事業内容・沿革
- S25年 ○○○○が東京都○区にて創業
- S○年 東京都○区に移転、工場新設 大手自動車メーカー○系列の部品メーカーA社への納入開始
- S○年 同○系列の部品メーカーB社との取引開始
- H○年 代表取締役○○に交代。○○は会長に就任
- H22年 東京都日区に工場移転 大手家電メーカー向け○製品を納入開始

現在に至る

株主構成	名前	株数	関係
	○○○○	30	代表取締役
	○○○○	10	常務（長男）
	○○○○	20	監査役（母）
	計	60	

役員構成	名前	役職
	○○○○	代表取締役
	○○○○	常務
	○○○○	監査役

② 財務内容及び問題点

H28／3期　　　　　単位：百万円

資産の部	決算	修正	実質	負債の部	決算	修正	実質
現預金	30		30	支払債務	100		100
売上債権	70	－3	67	短期借入金	50		50
棚卸資産	50		50	その他	50		50
その他	45		45	流動負債計	200		200
流動資産計	195	－3	192	長期借入金	320		320
土地	100		100	その他	10		10
建物	200		200				0
その他	100		100				0
有形固定資産	400		400	固定負債計	330	0	330
無形固定資産	5		5	負債合計	530	0	530
出資金	5	－3	2	資本の部			0
保証金	0		0	資本金	30		30
その他	15		15	その他	60	－6	54
投資等	20	－3	17				
固定資産計	425	－3	422				
繰延資産	0		0	自己資本	90	－6	84
資産合計	620	－6	614	負債・資本合計	620	－6	614

主要項目コメント及び問題点
○H22年、○○工場新設による借入金約3億円を調達。年商に匹敵する借入規模であり過大。

○資産超過先
（調整項目）
簿価純資産　　　90百万円
回収不能売掛金　▲ 3
回収不能出資金　▲ 3
小計　　　　　　▲ 6百万円
→実質自己資本　84百万円

③ 業績推移等

	H25年3月期(実績)	H26年3月期(実績)	H27年3月期(実績)	H28年3月(実績)
売上高	500	440	400	420
営業利益	42	37	28	25
経常利益	27	22	13	10
当期利益	19	15	9	7
減価償却	15	15	15	25
決算上自己資本	47	66	81	90
修正	－	－	－	－6
実質自己資本	－	－	－	84
総借入	430	410	390	370

【分析結果】
○現状、黒字で推移しているが、売上高は…。前期は、○○との取引が開始され、売上高は…。
○利益率が悪化している要因としては、下記が挙げられる。
・○○○○
○現在下記に取り組んでいる
・○○○○

H28年3月期（実績）

収益弁済原資	32百万円
債務超過解消年数	－年
債務償還年数	10.2年

第 2 章　企業の全体像を把握する

更新日　平成○年○月○日　　　　単位：百万円

	金融機関名	H26年3月期（実績）	シェア	H27年3月期（実績）	シェア	H28年3月期（実績）	シェア	保全額	備考
④ 銀行取引状況	A銀行	255	62.2%	244	62.6%	230	62.2%	200	
	B銀行	50	12.2%	39	10.0%	31	8.4%	30	
	C信用金庫	40	9.8%	45	11.5%	50	13.5%	50	
	D信用組合	35	8.5%	35	9.0%	35	9.5%	45	
	政府系金融機関	30	7.3%	27	6.9%	24	6.5%	0	
	その他	0	0.0%	0	0.0%	0	0.0%		
	合計	410	100.0%	390	100.0%	370	100.0%	325	

⑤　事業の特徴

・当社は、主に自動車関連、家電製品向けの特殊ネジ等の製造業者。
・長年培った硬度化技術に基づき、エンジン部品向けの納入を行う。大手自動車メーカーとの取引は拡大傾向。

【当社製品の特徴】
・当社が取り扱う製品は、○○であり、自動車関連売上が6割を占めている。
・主な製品群と内容については下記の通り。
　○○○○○
　○○○○○
【主な販売／仕入先】　詳細は「俯瞰図」参照
・主な販売先…○○○
・主な仕入先…○○○
【取引の状況と見通し】
・自動車関連は○○○○
・家電関係は○○○○

⑥　SWOT分析

<機会>
・○○○○

<脅威>
・○○○○

<強み>
・○○○○

<弱み>
・○○○○

⑦　窮境の状況と原因

（全体）
・○○○○

（営業面）
・○○○○

（コスト面）
・○○○○

（管理面）
・○○○○

⑧　今後の見通し、方向性

1．売上拡大策
・○○○○

2．コスト削減策
・○○○○

3．採算管理体制の構築
・○○○○

4．設備投資
・○○○○

っているのか。そして主な事業（製・商品・サービス）は何で、どこから仕入れ、どこへ売っているのか、これを何人でやっているのかなど、基本的なことを押さえます。

　対象先が既存先であれば、取引先ファイルで調べるとともに新しい情報を更新し、新規先であれば、ヒアリングやホームページ、パンフレットなどを通じてビジネスモデルや事業概要について理解を深めます。私たちコンサルタントも、新規先に対してはこの企業概況をしっかりと調査／確認しながら、クライアントのイメージを膨らませています。

　企業概況を整理するための表を、「中小企業再生支援全国本部」がひな形として出しています。筆者はこれを少しアレンジして使用していますが、こういう形式でまとめると分かりやすいでしょう（**図表2－3**）。

2 企業概況で押さえておきたい項目

項　目	チェックポイント
企業名	・経営者に企業名の由来を確認する。名前への想い、考え方を聞く
創業のきっかけ	・どういう経緯で事業開始に至ったのか ・創業時の理念や、経営目的を聞く ・なぜ、この業界を選んだのかを聞く 　（勝算、見通しなど）
沿革	・（良くも悪くも）業績が変化したターニングポイントがあれば確認する ・外部環境の変化と業績への影響を確認する（為替、原油、その他相場、規制など） ・業績ピーク時と現状とでは何が違うのか聞く 　（取扱製・商品、組織、営業体制、外部環境など）
経営者	・ビジョン、方針、夢を持っているか ・どのタイプか（リーダー型、営業マン、研究者型、管理向き、ワンマン、自信家、優柔不断など） ・経歴を聞く（前職、当社内） ・業界のこと、自社のことを語ってもらうと理解しやすくなる ・番頭など社長の右腕や相談できる相手はいるか ・売上は現状維持程度でよいと考えているのか。さらに成長したいと考えているのか ・中長期、短期的な見通しを確認する ・年齢と後継者の有無 　→事業承継の必要性を確認【ネタ／事業承継支援】
従業員	・挨拶、整理整頓はできているか ・社内の雰囲気は明るいか ・組織図を取り受け、正社員、パートのバランスを確認する（どういう方針か） ・人数は適正か、過不足はあるか 　【ネタ／機械化など設備資金融資】 ・平均賃金→近隣や業界平均と比較する ・一人当たり売上高などを業界平均と比較する

	・各部門のキーマンと、今後の幹部候補を確認する 【ネタ／職域取引、提携住宅ローンなど】
拠点一覧	・営業所、工場などの設立経緯、役割 ⇒売上シェア、採算状況などを確認する （どこが儲かっているのか） ・今後の市場（販売や生産など）について。海外展開は考えているか 【ネタ／狭ければ拡大、非効率であれば合理化の提案】
株主・出資者	・保有状況と、代表者との関係性を確認する ⇒経営に関与していない兄弟や親戚に分散している場合は将来の相続対策にも留意する ・事業への関与状況を確認する ・事業承継の必要性を確認する 【ネタ／事業承継支援】
事業内容 （第3章で詳しく解説）	・事業内容の概要を把握する ⇒製・商品・サービス内容、外部環境、ビジネスモデルなど ・影響を与える要因（為替、相場、取引先など）
取引金融機関	・取引推移と今の関係性、役割などを確認する （夏の賞与資金はA銀行、冬はB金庫など） ・自金融機関との取引経緯と今後の意向を聞く 【ネタ／他金融機関の借入明細をもらい、長期→融通の利く短期へ借り換え、おまとめ融資の提案など】
事務所 工場 店舗など	・整理整頓など5Sは行き届いているか ・清潔感、衛生管理はしっかりしているか ・業務が滞っている箇所はないか （飲食のレジ、工場の機械待ちなど） ・スペースに余裕はあるか 【ネタ／老朽化対策、省力化、機械化の設備融資】

【ポイント】
・企業概況を確認しながら、どんな融資ができそうかイメージしよう。

第5節　社内体制をつかんでおこう

　社内体制というと難しく聞こえますが、ここでは、経営陣と組織体制がしっかりしているかを確認します。

　まずは、社長を始めとする経営陣の経歴と所管（担当）を確認します。

　社長には色々なタイプの人がいます。創業者と二代目とでは大きく異なりますし、営業系や技術畑、研究者タイプ、管理者的な人など、その生い立ちや背景、性格も当然違いますので、単に社長といっても一筋縄ではいかないものです。よって、まずは①どのようなタイプなのかを確認しましょう（経歴、進んできた道、性格など）。

　次に②将来のビジョンや夢・目標を、そして③自社の強みと課題について聞いてみましょう。

　経営者は自身の立場に基づいて自社のことを把握しているものです。自分で何かを立ち上げたり、新規取引先を開拓した人などは自信を持っています。一方で、二代目、三代目経営者などで、ごく稀に自社の事業を把握していない人もいますし、会長や先代の奥様などが実権を握っている会社もあります。

　したがって、皆さんは経営陣と話をする際は、各々の立場や専門分野に応じた質問をするようにしましょう。専門外のテーマについてヒアリングしても正しい認識を持っているとは限らないため、浅い回答しか得られない可能性があります。

　例えば、管理畑の社長であれば営業社員に、営業畑の社長であれば工場長などへ面談に同席してもらうことは有効です。こうしたチャンスでは、もれなく工場や店舗の見学も行いましょう。また、貴社のことを勉強させてほしいということで、支店長など上司と一緒に面談をセッティングしてもらうことも効果的です。

　組織面については、組織図をもらい主要スタッフの役割と各部門の責

任者の有無を確認するとともに、売上・利益に応じた人員配置であるか、人員過不足の状況について確認します。数年前までは人員過剰で企業もリストラを行うことが多かったものの、ここ数年は人員不足に転じており、雇用確保は企業の大きな課題の一つになっています。こうした人員過不足を確認することで、機械化の融資などにもつながります。

　これ以外では、社長がすべてを管理しないといけない状況になっているなど、人手不足が著しい場合は、募集単価の見直しによる雇用確保をアドバイスしたり、管理者が不足する場合は出向者を打診してみるのも手でしょう。

　コンサルタントであれば、企業に常駐することもあるので、人間関係なども深く理解できます。皆さんの場合は同じ取引先へ月に何度も訪問することは難しいでしょうから、企業訪問時に社長と周りの人との会話や指示の進め方などをよく観察して、社内の雰囲気をつかむようにしましょう。

【ポイント】
・経営者を知ることで、将来性をイメージしやすくなる。
・役員借入金の肩代わり融資や、事業承継等のアドバイスも検討してみよう。

第6節　ビジネスモデルを理解しよう

1 ビジネスモデル俯瞰図とは

　企業のビジネス内容を把握するための方法はいくつかありますが、皆さんにとって取り組みやすいものの一つに「俯瞰図」があります。

　この俯瞰図とは、その名前の通り、企業の商流である、仕入先、販売

先、外注先、関連会社などの全体像を一目でつかむために用いる図のことです。この俯瞰図と、企業概況でつかんだ対象企業の製・商品やサービスとを結びつけることで、事業の全体像を捉えることができます。なお、関連会社が多い場合は、企業集団の事業関連性、出資、融資などの状況を整理するために、「グループ関係図」を別途作ることをおすすめします。

そこで俯瞰図の作成方法ですが、決算書等を見たうえで事前準備（たたき台作成）を行い、そのうえで経営者からヒアリングしていくと効率的です。経営者に一から聞かなくても、決算書の勘定科目欄を見れば、主な仕入・販売先、外注先、関連会社等は確認できます。可能であれば、各々2～3期分の取引実績（推移）を記載することで、過去の経緯から今後の見通しまで一表で聞ける範囲がぐんと広がります。

こうしたツールを持って面談に臨むのと、手ぶらで訪問するのとでは、面談の充実度に大きな差が生じます。例えば、経営者に対していきなり「貴社の問題点は何ですか？」「改善すべきところはどういうところですか？」などの漠然とした質問を投げかけても、浅い回答しか返ってきません。一方で、こうしたツールにより視覚に訴えることで、経営者も自社の現状を俯瞰でき、的確な現状把握や課題の抽出、方向性の検討など、より深い議論ができるようになってきます。

加えて経営者との面談が苦手という人は、こうしたツールを事前に準備して面談に臨むと、経営者はいくらでも話してくれるようになります。筆者の経験からしても、企業の実態を深掘りするための極めて便利なものです。

2 俯瞰図から何を読み取るか

この「俯瞰図」を作成する際に、取引先企業は一体どういう企業とどのような取引をしているのかを確認します。加えて、その取引内容と推

移（金額や量）、今後の見通し、さらに一歩踏み込んで何が取引先企業にどの程度の影響を与えているのかを確認します。

つまり、「どのようなビジネスを行っており、資金はどう流れているのか」「儲かっているのはどの取引・事業・製・商品か」「企業経営に大きな影響を与えているのか何か（取引先・外部環境など）」「エンドユーザーの動向は」「どういうリスクを抱えているか」「どのような課題を抱えているか」そして「経営力向上や改善の可能はあるのか」などについて、経営者と一緒に考えていきます。様々な切り口で会社を分析し、最終的に融資や助言に至ることができれば、皆さんの成果獲得にもつながってきます。

そして「俯瞰図」を作った後は、単に取引概要を確認するにとどまらず、次のような項目まで発展させてアドバイスを展開すると、より効果的です。

・採算状況を調査し、今後の方向性についてアドバイスする（拡大・縮小など）
・新たな市場や、顧客等、手薄な分野・攻める分野を確認し、自金融機関の取引先を紹介する
・外部環境の影響度合い（並びに調査する範囲）を経営者と検証する
・作成にあたり、取引先企業の現場社員を交え、より深い実態把握と具体的な経営力向上や改善に向けた策を検討する

なお、筆者は職業柄、事前にパワーポイントなどでラフなたたき台を作成したうえで経営者と面談しますが、皆さんは時間に限りがありますので、面談時にＡ３のコピー用紙やホワイトボードなどへ手書きし、議論できれば充分でしょう。

この俯瞰図は決して作ることが目的ではなく、これを見ながら融資や助言のネタを探したり経営改善を検討するなど、議論を深めることが目

的です。形式にこだわらず、本質を突いた進め方をしてください。

　企業経営者に対し、このようなアプローチを行う金融機関担当者はまだ少なく、他金融機関との差別化ができるとともに、経営者と目線を合わせることによって、今後の企業の実態把握や経営改善支援もスムーズに進めやすくなります。

③ 俯瞰図の作成事例

　ここでは、以下の情報に基づき俯瞰図を作り、次に何が読み取れるか見てみましょう。

≪C社の事例（食品製造業）≫
　以下は、C社の状況を社長にヒアリングした内容（箇条書き）で、これに基づき「俯瞰図」を作成したものが**図表2－4**です。

- 当社は食品メーカーとして、主に練り製品、缶詰品、冷凍品などの水産加工品を製造しています。
- 従業員は15人、パート50人の体制です。
- 本部と営業部はZ市中心地にあり、工場は隣のY市郊外にあります。
- 主な仕入品は魚介類と加工用調味料等であり、国内の問屋や商社、一部は契約した水産会社から直接仕入れています。
- 主な販売先はs社（食品卸、売上高2億円）、t社（食品卸、同1億円）で、一部地元のスーパーu（同50百万円）へは直接納品を行っています。
- s社は当社製品を自社の流通網に乗せ、関東圏のスーパーにて販売しています。t社は地元や近隣県のスーパーや飲食店などへ販売しています。
また、売上の約2割（1億円）は別の食品メーカーr社から受託したOEM製品となっています。

〈図表2-4〉俯瞰図の例（食品製造業者）

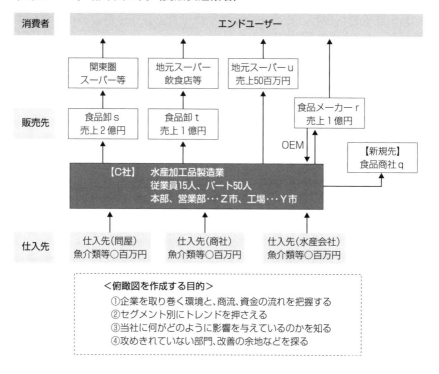

・製品の評判は上々で、これら取引先とは長い年月、取引を継続しています。最近は、新規取引q社（食品商社）との取引も始まった段階です。

このように、俯瞰図を見ることで議論のポイントは増えてくると思います。例えば、本社と工場を一体にすることで効率化は図れないか？　仕入先は複数あるが、どういう基準で分けているのか、価格はどうなっているか、価格交渉はできているか？　食品問屋へ販売する場合とスーパーへ直販する場合の粗利はどの程度違うか？　よい方にシフトできないか？

など、図を見ることで色々な疑問や課題、事業の方向性など、幅広く

考えることができるようになります。また、新規先取引の情報などを早くつかめると、運転資金や設備投資融資にもつながってきます。

経営者にとっても、また皆さんにとっても言葉だけでやりとりするより、こうして図を見た方がイメージも湧きやすくなり、現状把握や課題の発見にも役立ちます。経営者と議論を行う際は、仕入先・販売先の動向、その業界の動き、エンドユーザーの消費動向、税制などの外部環境も考えながら進めていきましょう。

加えて、ここでも融資のネタを発見するという視点は忘れないでください。俯瞰図に出ている主要取引先の動きや変化などによって、運転資金や設備資金のニーズが発生します。事前に準備をしておくことで、こうした情報もいち早くキャッチできるようになります。

4 俯瞰図のチェックポイント

項　目	チェックポイント
販売先	・どこに何をどれだけ売っているか 　（単に売上高を確認するだけでなく、モノ・量・単価などに要素を分解してトレンドをつかむ） ・主要取引先の取引増減とその理由 　（できれば2〜3期分並べると分かりやすい） ・主要取引先との取引見通し、その根拠 ・販売先における当社の位置づけ、なぜ取引を継続しているのか可能な範囲で経営者に確認する 　⇒これが取引先企業の「強み」 ・取引先別の採算を把握する。今後の拡大、縮小などの戦略を決めやすくなる ・販売先（群、層、業界）に攻めきれていない先はないか。⇒視点を変えると見えてくることもある。そこで売上が飛躍的に拡大することもある（自金融機関の取引先を紹介する）
エンドユーザー消費者動向	・エンドユーザーは誰か、その影響やトレンドを確認する。

	・どのような影響が当社にとってプラス・マイナスかをつかむ。双方に資金ニーズは発生する ・製造業の場合、最終メーカーの生産計画や市場動向（景気、補助金など）はホームページや業界動向などで確認できる ・税金や購入補助金等の政策を確認する（エコカー、住宅など）
仕入先	・どこから何をどれだけ仕入れているか 　（単に仕入高を確認するだけでなく、モノ・量・単価などに要素を分解してトレンドをつかむ） ・仕入価格を引き下げるために何をやっているか確認する（価格交渉、相見積り取得など） ・自金融機関の取引先で代替できないか確認する
外注先	・外注を使う理由を確認する 　（なぜ自社でできないのか。自社にはない技術か） ・外注単価はどう推移しているか確認する（近年は上昇する傾向） ・自社で対応可能な業務を多忙等の安易な理由で外注に出す企業は多い。発注ルールを経営者に確認する 【ネタ】機械化による業務内製化
関連会社	・業務上の関連性を確認する ・関連会社との資金・業務の流れを押さえる ・資産管理会社の場合、家賃、手数料名目で資金を融通しているケースが多いので、取引実態と資金流出の削減可否を確認する 【ネタ】関連会社との資金貸借を金融機関が肩代わり 　　　　（親会社から子会社への貸付金を金融機関融資に切替え）

【ポイント】

・俯瞰図を作成することで全体像を理解するとともに、細部（各取引）に目を向けることで融資のネタを発見しよう。

第7節　事業領域（ドメイン）を知ろう

　事業領域（ドメイン）とは、事業者がその経営活動を行う事業範囲を示す概念のことです。

　企業の創業者は、当社はこうした事業を行いたいということを考えて企業を立ち上げます。設立当初はその事業を中心に活動し、社員や資金などの経営資源を集中させます。ところが、設立後何年も経過し業績が拡大してくると、徐々に単一事業から多角化してきます。これは企業が成長するうえでは当然の流れです。

　ドメインに関して例としてよくあげられるのが映画館です。映画館を経営側から定義すると、「映画を上映する（見せる）ところ」になります。ところが、実際に映画館を訪問すると、シネマコンプレックスとして、飲食、グッズ販売、ゲーム等、場所によってはカラオケやボーリングまでが一体となった施設に転換しているところも多いです。これは従来の「映画を見せるところ」という狭義のドメインではなく、「映画を中心とした滞在型の娯楽施設」という広義のドメインに再設定されているからです（**図表2－5**）。

　つまり、娯楽施設として、単に映画を見たい人だけでなく、ファミリー、カップル、シルバーなど幅広いゾーンをターゲットに、いかに楽しんでもらうか（＝お金を落としてもらうか）という視点に切り替えたことで、どんどんレジャー施設化したという経緯があるのです。

　また、別の業態では婦人服小売業（アパレル）にもあてはまります。従来のドメインは「服を売る」ということだけでしたが、最近のお店ではほぼすべてが小物、帽子、シューズなど身に着けるものだけでなく、アクセサリー、小物に加え、スキン・ヘアケア商品や食器、文具など、どちらかというと女性が楽しいと思えるような、「ライフスタイルを提案する」店という位置づけに変わっています。これにより仕入資金等の

〈図表2−5〉 事業領域（映画館）

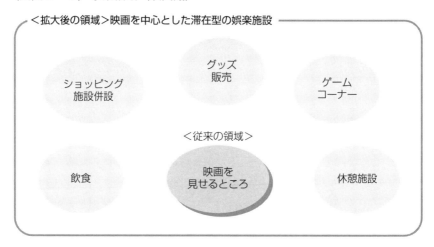

融資も発生します。

　他には、運送業が「トラックで物を運ぶ」という定義であったものを「物流サービス企業」として、取引先の物流全般を引き受けるように変化したことで、物流システムや倉庫建築の投資を借入したなどの例もあります。

　また、食品加工業者で取引先がホテルやレストランであったことから、「業務用食品加工業」という定義だったものを、金融機関のアドバイスで「食品メーカー」に拡張し、スーパーなどの流通業者向けとの取引を開始したことで、工場拡張資金や増加運転資金などの融資を受けた企業もあります。

　なお、この販売先のスーパーは金融機関の取引先であり、3者がWIN-WINの関係になっています。

　皆さんは取引先の経営者に対し、このドメインをどのように考えているのか一度聞いてみるといいと思います。これがスラスラと説明できる経営者は、自社の事業展開をしっかりと整理できているでしょうし、うまく説明ができなかったりまったく考えていない経営者に対しては、こ

ちらから質問を投げかけたり、一緒に考える機会を設けてもらえるようお願いしてみましょう。

　経営者と一緒になって今後の方針などを考えることで、新たな事業展開や取扱商品の見直しも行われます。この際に、金融機関としては仕入資金や設備資金などの融資につながる可能性が高まります。そして、おそらく一緒に考えてくれた金融機関から資金を調達してくれると思います。

【ポイント】
・事業領域のアドバイスは経営者に「気づき」を与えるということ。これをきっかけに、事業の方向性について自金融機関のノウハウや経験を活かしてアドバイスしよう。

第8節　外部環境の情報を収集するには

　中小企業は外部環境の影響を強く受けます。
　景気の波は当然ですが、為替、原油、鉄、小麦などの相場や、住宅着工件数、派遣単価など、売上に影響するものとコストに影響するものがあり、これらが複雑に絡み合って大なり小なりの影響を与えています。ですから、外部環境を調査する際は、常に対象先企業の業績に何がどのような影響を与えそうかという視点を持って進めましょう。
　例えば、新聞に鉄（粗鋼）生産量が落ちたという記事が出ていたとします。
　なぜ、これほどの変動が起こったのかは金融機関の行職員なら新聞などで押さえておくべきですし、これらの変化は取引先の自動車関連や船舶関連、建設関連など様々な業界へ大きく影響します。
　したがって、取引先にどのような影響があるか、その影響度合いはど

の程度か、プラスの場合に資金需要はあるか、マイナスの場合ではどのような支援ができるかということを考え、自身の考えを経営者に投げかけることも必要です。

こうした情報を皆さんが仕入れる方法ですが（よほど特殊な業種業界を除き）、ある程度の情報は自金融機関に蓄積されているはずですので、まずは審査部門などに問い合わせてみます。筆者が以前勤務していた銀行では、業界審査事典を始め多くのデータやレポートが行内イントラネットに掲載されていたので、外部環境を調査するのに必要なデータの大半はそこで集めることが可能でした。

また、皆さんは私たちコンサルタントのように情報料を支払ってまで資料を集める必要はありませんし、日本経済新聞や日経産業新聞などで大まかな業界トレンドは把握できます。加えて、対象先企業で業界誌や業界新聞を読むことで、今話題のニュースや取引先の事業に影響がありそうなトピックスをチェックでき、これらを面談時に投げかけることで、対象先企業への影響が分かってきます。

ある事象（外部環境の変化）が、取引先企業にとって追い風（フォロー）なのか、向かい風（アゲンスト）なのかをヒアリングにより確認し、今後どのような施策を取るべきなのかということを経営者と一緒になって考えていくことは、金融機関に求められている支援内容の一つです。

案外、経営者も自社を取り巻く大きな環境については見切れていないところもあり、金融機関という第三者的な視点を欲しています。また、取引先企業に関するレポート等を持参することで、他金融機関との差別化にもつながってきます。

第2章　企業の全体像を把握する

【外部環境調査で使う資料・指標の一例】

調査項目	資料名等
①業界の指標数値	・日本政策金融公庫HP　小企業の経営指標 ・TKC経営指標（BAST） ・業界団体ホームページ、業界紙 ・金融財政事情研究会「業種別審査事典」 ・上場企業のHP、IR資料　など ・日本経済新聞の月曜日朝刊（各種指標が掲載） ⇒①標準的な企業群との乖離を確認する 　　大きく異なる点は要因を押さえる（原価構成、人件費率など） 　②今後の市場見通し、来期以降の戦略などを確認することで、取引先企業への影響を検討する
②各種統計資料	・総務省統計局HP「事業所・企業統計」 ・経済産業省HP「工業統計表」 ・厚生労働省HP「人口動態調査」 ・政府統計HP「賃金センサス」 ・その他、各省庁、都道府県、市町村HPなど
③市場規模・動向	・国内（外）のトレンド、市場規模を捉える 　⇒伸びているのか、縮小傾向か ・業種ごとの変動要因を知る 　　自動車：為替動向、税金など 　　建設　：公共工事増減、資材価格、雇用環境 　　運送　：製造業の動向、燃料価格、運賃相場 　　食品卸：原材料の相場動向、小売の業績、消費動向 　　旅館　：国内景気、インバウンド、賃金動向 ・どのような影響が当社にとってプラス・マイナスになるのかを知る ⇒円高／円安、商品相場上昇／低下など ・対象先企業の主な製・商品のライフサイクルを確認する ⇒導入期・成長期・成熟期・衰退期
④価格推移	・中長期（年単位）と直近2～3年（月単位）の相場動向 ・価格高低と、対象企業の売上高の関連をつかむ ⇒量と単価両方で押さえる。決算上は増収でも、相場上昇の影響が強いだけで販売量は減っているケースもある

【ポイント】
・外部環境の変化は融資のネタを発見できるチャンス。取引先企業にどのような影響があるのかを事前に把握しておくことで、素早い対応を行おう。

第3章

企業の事業内容を確認する

本章では、「財務内容」の把握をはじめ、「製・商品・サービス」「仕入・販売先」「部門別採算」の見方などについて解説します。

　また、「経営者に何をどのように聞けばよいのか」「ヒアリング時に用いると便利なフレーム」「押さえておくべきポイント」などについては、それぞれのチェックポイントの項目を参考にしてください。

　これらの実態把握も、最終的に融資や助言につなげて成果に結びつけることが必要です。単なる分析や評価が目的ではありません。取引先を見る際も、常に融資等のニーズや切り口を探しながらアンテナを高く張って取り組みましょう。

第1節　取引先企業のここを見よう

　本節では、事業内容を確認する際の視点について解説します。

　まず、「ネジの製造販売」をしている会社を例に見てみましょう。対象先企業（以下、M社）は、筆者が過去に担当した企業がモデルです。当時はネジにも色々あるのだなという感想を持った程度で、大して深掘りすることもなく、マル保のセールスなどを目的に訪問していました。

　当時の取引先ならびに製品等の見方は、次のようなものでした。皆さんも自身の担当先に置き換えてみてください。

項　目	従来の見方
誰が	M社（一つの企業体としてしか見ていない）
何を	ネジ（数百種類あることは認識）
いくらで	数十本単位〇円程度で（あまり詳しく確認していない）
誰／どこから仕入れ	地元の商社？　卸業者？（聞いていない）

第3章　企業の事業内容を確認する

誰／どこに販売	地元の自動車部品会社、建材屋など （販売先名と取引金額は確認）
競合は	いるだろう（聞いたけど知らない会社）
外部環境は	厳しそう（イメージ）
儲かっているか	ぎりぎり黒字か赤字の繰り返し
課題は	販売先が減っている 利益が出ない
将来の見通しは	厳しいだろう（社長の口癖から）
資金ニーズ	こちらの要望としてマル保の空枠を使ってほしい

　当時はこのようなお粗末な状態でした。仮に今、この企業を担当すると次のような見方をしたうえで、分からないことは確認します。

項　目	今後の見方、確認する内容
誰が 【事業主体】	M社のどの部門 　　どの担当者
何を 【モノ・サービス】	ネジをカテゴリーで分ける 　　サイズ、用途、機能、一般品／特殊品など
いくらで 【価格】	各単価とその設定根拠 どういう基準で価格を決めているか 価格交渉はしているか
誰／どこから仕入れ 【仕入先】	国内／海外 単価はどうか、仕入価格の推移
誰／どこに販売 【販売先】	主なターゲットはどこか 新規営業はどのように行っているか。決まりそうな受注はあるか 増減等のトレンド（取引先別・製品別・担当別）

	個社別採算状況 エンドユーザーは誰か
競合は	競合の規模は 品質、価格面の優劣は その他、当社が優位／劣勢な点 革新的な商品はあるか 設備投資することで競合に対抗できるか
外部環境は	為替の影響はどの程度か 市場規模は拡大か縮小か、その進度はどうか 価格動向はどうか
儲かっているか （採算状況）	部門別に過去からのトレンドを把握する その状況に応じて方針などアドバイスを行う
課題は	販売方法や商品開発の進め方を確認し、問題点を抽出する 赤字部門があれば、その原因と改善可能性を調べる 　⇒販売先の動向、製品の動向、今後の見通し 　　改善策を経営者と検討する 設備投資や、後継者問題等を押さえる
将来の見通しは	上記の課題を踏まえ、経営者と改善に向けた事業計画を策定する 　⇒キャッシュフローの安定性を検証する 　　損益の継続性を検証する
資金ニーズ	上記の事業計画に沿って中長期の資金計画を想定する ・設備投資の必要性を確認する ・資金繰り計画を策定支援する ・場合によっては赤字資金の発生などを織り込む

　簡単にまとめましたが、相手に興味を持ち視点を広げることで、企業をいくらでも深堀りできます。
　皆さんは最終的に融資や助言等に結びつけることが目的ですから、取引先を見る過程で、どこに資金ニーズが潜んでいるか、どうすればキャッチできるのかということを常に考えておく必要があります。

その際は「キャッシュフローが安定しているか」「今後も継続的に利益を確保できるか」ということがポイントになるので、経営者に細かな質問をする場合も、（決して興味本位ではなく）常に貴社の成長のためにやっているという姿勢を示しながら進めることで経営者も安心しますし、より実態を話してくれるようになります。

【ネタ】
・企業の資金ニーズは何らかの変化が起こったときに生じることが多い。これは取引先企業自体（設備投資、経営改善）に生じることもあれば、取引先との関係変化（新規、条件変更、取引解消）や外部環境の変化でも発生します。したがって、この変化を押さえることで融資のネタを開拓できます。

第2節　財務データからつかもう

財務分析は皆さんが常日頃から行っていますし、多くの参考書籍がありますから詳しく触れませんが、この内容を正しく把握し、課題を抽出することで融資につながるケースは多々あります。

損益計算書と貸借対照表は常に見ていると思いますが、キャッシュフロー計算書についても、その意味や作成方法を知ることで、企業の現状を資金面から捉えやすくなります。

1 損益計画書のチェックポイント

過去5年から10年程度の推移を押さえ、今後の見通しを推測します。損益計画書を見る際は、単に赤字か黒字かということだけでなく、なぜ売上や利益に増減があったのかという要因を分解します。そうすること

で、企業の特徴、強み、課題、将来性などが見えてきます（**図表3－1**）。

〈図表3－1〉損益計算書

		H27／3期		H28／3期		チェックポイント （増減金額だけでなく売上比の推移・理由も確認）
			売上比	増減	売上比	
売上高		800	100.0%	815	15	100.0%	・詳しく知るためには製・商品ごと、取引先ごと、担当ごとなどに分解する
	A事業	450	56.3%	435	－15	53.4%	・過去の推移と外部環境（為替・原油等）を並べると影響が見える
	B事業	350	43.8%	380	30	46.6%	・取引先別、製・商品別などで増減理由を確認することで今後の見通しも立つ
売上原価		480	60.0%	481	1	59.0%	・市場動向とマッチしているか（為替、原料価格等を確認する）
売上総利益		320	40.0%	334	14	41.0%	・粗利率は今後の損益を見るうえで重要。変動理由を確認する
販売管理費		300	37.5%	290	－10	35.6%	・過去実績（特に前期）からの増減理由を確認する
	人件費	100	12.5%	110	10	13.5%	・人員過不足を確認する 【機械化の提案はできないか】
	減価償却費①	25	3.1%	25	0	3.1%	・設備投資の必要性を確認【融資ネタ】
営業利益		20	2.5%	44	24	5.4%	・本業利益はどう推移しているか時系列で押さえる
営業外収益		5	0.6%	5	0	0.6%	
営業外費用		10	1.3%	12	2	1.5%	・支払利息額÷平均借入残高でおおよその金利水準がつかめる
経常利益②		15	1.9%	37	22	4.6%	・経常利益のプラス化は必須
当期利益		11	1.3%	26	16	3.2%	
簡易CF（①＋②）		40	5.0%	62	22	7.6%	・経常利益＋減価償却費はプラスか 【最重要項目】

2 貸借対照表のチェックポイント

　損益計算書が1年間の事業の結果（フロー）であるのに対し、貸借対照表はある時点の企業の蓄積(ストック)を表しています。したがって、これを見ることで企業は設立以後、どのようなスタンスで経営してきたのかが分かりますし、課題や資金ニーズも多く潜んでいます。

　例えば、仕入れ・支払サイトの変動は運転資金の増減につながります。なぜ変化したのかその要因を確認することで、前向きな融資提案につながります（**図表3-2**）。

　なお、従来は正常運転資金の範囲内での融資であっても「短期継続融資」による対応を差し控え、長期融資（多くは担保・保証付）で対応してきたケースも多かったのではないかと思いますが、現在「金融検査マニュアル別冊（中小企業融資編）（平成28年9月30日時点）」は次のように変更されていますので、今後の融資提案の一つとして検討してみてはどうでしょうか。

【短期継続融資への対応】

1. 正常運転資金に対して、「短期継続融資」で対応することは何ら問題ない。
2. 「短期継続融資」は、無担保、無保証の短期融資で債務者の資金ニーズに応需し、書替え時には、債務者の業況や実態を適切に把握してその継続の是非を判断するため、金融機関が目利き力を発揮するための融資の一手法となり得る。
3. 正常運転資金は一般的に、卸・小売業、製造業の場合、「売上債権＋棚卸資産－仕入債務」とされているが、業種や事業によって様々であり、また、ある一時点のバランスシートの状況だけでなく、期中に発生した資金需要等のフロー面や事業の状況を考慮することも重要である。

〈図表3－2〉貸借対照表

		H27／3期	月商比	H28／3期	月商比	チェックポイント
	現預金	100	0.8	80	0.6	・持ち高は妥当か。この期末残高で資金繰りは回るのか検証する
	売掛金	180	1.5	203	1.5	・月商比の増減、要因を確認する（本表では不変）
	在庫	180	1.5	270	2.0	・同上（本表では増加。売れ残り？　多目に仕入れた？　など）【資金ネタ】
	有形固定資産	500	4.2	480	3.6	・設備投資の予定は常時確認しておく【融資ネタ】
	投資等	50	0.4	50	0.4	・出資、投融資、保証金など、今後の計画を確認する【融資ネタ】
資産計		1,010	8.4	1,083	8.0	
	買掛金	180	1.5	135	1.0	・月商比の増減（本表では減少。早く支払うメリット？　督促？　など）【融資ネタ】
	有利子負債	600	5.0	672	5.0	・年間のフリーキャッシュフローとのバランスは妥当か？
	その他	150	1.3	176	1.3	長期融資を短期に振り替えることも検討する（参考：金融検査マニュアル短期継続融資）
負債計		930	7.8	983	7.3	
	資本金	20	0.2	20	0.1	・実態B/Sを適正に算出しているか
	剰余金	60	0.5	80	0.6	・実質債務超過の場合、2～3年、長くとも10年で解消することが目安
自己資本		80	0.7	100	0.7	
負債＋資本		1,010	8.4	1,083	8.0	
月商		120	－	135	－	
運転資金		180	1.5	338	2.5	なぜ増える？　要因を捉え資金対応を検討する【融資ネタ】

第3章　企業の事業内容を確認する

3 キャッシュフロー計算書のチェックポイント

　取引先の決算書をもらってから、自身でキャッシュフロー計算書を作ったことがある人は少ないと思います。作成には多少の知識が必要なうえ、どこに計上するのか迷う項目もあります。また、大半の金融機関では、財務データをシステムへ入力すると、キャッシュフロー計算書が自

〈図表3－3〉キャッシュフロー計算書（簡易版）

実績 ← → 今期の見通しをヒアリングし、CF表（簡易版）を作成

			前期	今期見通し	今期の見通しで確認する内容
期初現預金残高		A	30	30	
営業CF	経常利益	①	5	5	当該期間の損益見通しを確認する
	減価償却費	②	5	5	減価償却予定額を確認する
	運転資金増減	③	0	－7	運転資金増減とその理由を押さえる【融資ネタ】
	差　引	④（①+②+③）	10	3	このプラス継続が企業存続上の最低条件
投資CF	（設備）投資支出	⑤	5	10	次の投資は何？　時期は？　確認する【融資ネタ】
	資産売却等収入	⑥	0	0	資産売却予定を確認する
	差　引	⑦（－⑤+⑥）	－5	－10	
フリーCF		⑧（④+⑦）	5	－7	
財務CF	借入	⑨	20	?	← いくら必要か想定し融資を提案する
	返済	⑩	25	25	返済予定表にて確認する
	差　引	⑪（⑨－⑩）	－5	－25	
当期CF		B（⑧+⑪）	0	－32	
期末現預金残高		A+B	30	－2	

動で出力されるようになっているはずです。

　ただし、それではあくまでも過去実績の把握にとどまります。したがって、次のように簡単に整理することで、取引先企業の今後の資金計画、必要資金を面談時に聞くことができるようになります。

　キャッシュフロー計算書で確認するポイントは**図表３－３**の通りですが、この予想をすることで、いち早く資金調達の必要性を把握できるようになります。

　ここでは財務３表において確認すべきポイントについて説明しました。

　取引先企業の財務データを見るだけで多くの課題は発見でき、それを解決するための資金需要はいくらでも発掘できます。

　今後については、過去の損益実績や格付対策の比率分析に過度にこだわることなく、将来計画（特にキャッシュフロー見通し）も重視するようにしましょう。

【ネタ】
・財務３表は融資ネタの宝庫。新設、拡大、転換、入替えなどの視点をもって、資金ニーズをつかもう。

第３節　資金繰り表からつかもう

　皆さんは取引先企業から月次資金繰り表をもらったとき、最初にどこを見ていますか？

　一番多いのは、月末残高部分ではないでしょうか。その残高によって資金が回っているから当分融資は必要ないとか、少なくなってきたのでそろそろ融資を提案しよう、などの見方をしていると思います。これは金融機関として当然です。

　一方、経営者や経理担当者は、（筆者の経験上）月次資金繰り表より

日繰り表を見るケースが多いです。これは、何日に支払いがあるのでその手続きを行わなければならないとか、手形の決済が何日なので他金融機関から振替が必要だ、など実務的な手続きをとる必要があるからです。

ここでは、双方の特徴について金融機関から見た長所と短所という形で整理しました。

【月次資金繰り表と日繰り表】

	長　所	短　所
月次資金繰り表	・数ヵ月先の資金状態が分かる ・**数ヵ月前から融資の準備ができる**	・月中の動きが分からない（月末に残高があっても、月中に資金不足となることもある）
日繰り表	・月中の動きが正確に分かる ・**月中資金の必要性を把握できる**	・目先（今月、来月）のことしか分からない ・数ヵ月先は正確性に欠けることが多い

この資金繰り表から、企業の動きや特性をつかむことができます。例えば、シーズン性の高い業界では季節資金が発生します。食品業者であれば、売上のピークは12月から1月が多く、仕入れは秋口から開始されることからその支払いが先行し、販売代金が回収されるのは年明けになります。

したがって、年末は資金繰りの底になります。特に、お菓子を多く扱う会社では、年間売上の半分近くがクリスマスからバレンタインデーに集中するので、年間の増減はもっと極端になります。

またアパレルメーカーであれば、秋冬物の納品は盆明けから始まります。そうするとその時点で製造が済んでいなければならないため、実際に原料調達や製造コストの支払いは春あたりから発生してきます。

こうした業種ごとの資金ニーズを捉えることで、融資の提案が可能に

〈図表3－4〉資金繰り表（日繰り）

■日繰り表（H28／6月） （単位：千円）

月初残高		費目（内訳金額）	入金	残高	支払	費目（内訳金額）
				33,500		
1	水			33,500		
2	木			33,500		
3	金			28,500	5,000	給与支払
4	土			28,500		
5	日			28,500		
6	月			23,000	5,500	諸払い
7	火	【毎月経営者が立替】		－5,000	28,000	買掛金支払
8	水			－5,000		
9	木			－5,000		
〜中略〜						
27	月			－5,000		
28	火			－5,000		
29	水			－5,000		
30	木	売掛代金回収	40,000	35,000		短期借入返済
期末残高		翌月繰越	40,000	35,000	38,500	翌月繰越

・日繰り資金繰り表で月中の動きを見ると、月初に支払、月末回収の動きであることが分かる。
　→　したがって、次の対応が考えられる
　①月中の資金対応（手貸、当貸など）
　②長期資金対応（月末残高がいくらあれば月中の資金繰りが安定するか確認する）
・月繰り資金繰り表では見えないこともあるので、併用することが望ましい。

なります。逆に言うと、取引先企業が販売代金を回収した後の資金余剰のタイミングに訪問して、マル保付で借りてくださいなどと依頼すると、まったくトンチンカンな金融機関だと思われてしまいます。

　次に日繰り表ですが、金融機関の行職員が常にこれを見る必要性は低いでしょう。なぜなら、あまりに細かく全体が捉えにくいからです。た

だし、月中の動きはぜひ捉えておくべきですから、一度経営者に日繰り資金繰り表を見せてもらえるよう頼みましょう。ここでも融資のネタをつかむことができるからです（**図表3－4**）。

例えば、毎月の資金の流れが次のような企業があったとします。

入金　月末

支払　給料3日、買掛金支払7日

この会社の月次資金繰り表を見ると、毎月末はプラスになっているようですが、ヒアリングすると経営者が毎月一時的に立て替えるなど、やや忙しい状態にあります。こうした状況は月次資金繰り表では見えないため、聞かなければ分かりません。こういう会社に対しては、平均的に月末に残高がいくらあれば経営者貸付等がなくても資金繰りが回るのかを確認し、その金額を融資対応することが可能です。

また、同様の入出金がある企業（ただし、資金に余裕があり月中に個人から借入れする必要がない）で見てみましょう。この企業では、毎月資金が少ないのは買掛支払後の7日から入金がある月末まで、つまり1ヵ月の3分の2だけです。この企業に他金融機関からの長期借入金があったとします。そうすると、これを短期（当貸など）で機動的に対応できるような提案を行うと、企業側にメリットがあります。約定返済負担も減りますし、金利が下がるのなら経営者も前向きに検討してくれるでしょう。

資金繰り表の見方や作り方については多くの書籍が出ていますので、一度読んでみましょう。

【ネタ】

・取引先企業の業種に応じた資金繰りをつかむ。早めの提案で時期を逃さないようにする。

・日繰り表を見ることで、新たな資金ニーズの発掘や肩代わり案件につながる。

第4節　製・商品・サービスのここを見よう

　皆さんは、取引先企業が何を製造・販売しサービスを提供しているか、具体的に説明することはできますか？

　取引先の「製・商品・サービスの内容」を深く知ることなしに「事業性評価」を進めることは不可能です。また、ここに興味を持たずに融資や金融商品のセールスばかりしていては、経営者の信頼を得ることもできません。

　逆に言うと、製・商品の内容について皆さんが興味を持ち、訪問時に話題として切り出せば、経営者はいくらでも話をしてくれ、取引先のことがどんどん分かるようになります。

　とは言っても、どのような手順で進めればよいのでしょうか？

　筆者は、まず企業の作成しているカタログやホームページを事前に確認することから始めます。ここで大体の内容をつかんだうえで、製・商品であれば実際に現物を手に取って見せてもらったり、サービス業であれば体験するようにします。

　例えば飲食業であれば食事をする、理髪店であれば散髪する、住宅メーカーであれば住宅展示場を見るなど、可能な範囲で体験します。個人で購入できるものであれば、実際に利用して消費者としての意見も述べることもあります。また、車部品の一部などでも実際に見て触ってどこに使われているのかを確認することで、イメージも湧いてきます。

　筆者も銀行員時代にこれをやっていましたが、経営者で喜ばない人はいませんでした。過去の担当者や他金融機関の行職員を含め、経営者から見ると、それほど製・商品・サービスに興味を持っている人が少なかったということかもしれません。皆さんも一度やってみてはどうでしょうか。

第３章　企業の事業内容を確認する

【製・商品について経営者と話す】

・事前に調べる　使う（見る、体験する、確認する）
・感想を伝える（できればほめる）
・なぜ当社の製・商品が顧客に選ばれたのかを確認する
・用途を聞く
・発展性を聞く
・単価、量、受注見通し、競合、品質
・苦労する点（製造プロセスには融資のネタがある）

　余談ですが、筆者も多くの金融機関の行職員と面談しますが、意外と顧客の製・商品を見たり使ったことのない人が多いものです。メーカーであれば工場見学をさせてもらうと、機械化と手作業のバランスや老朽化の状態なども分かり、設備投資の必要性など、より具体的にイメージできます。融資を提案するのが上手な担当者は、このタイミングで（工場内で機械を目の前にして）機械や人員不足の話を切り出して、設備投資の話につなげていました。経営者も実際に古い機械を見ながらだと、設備投資を考えやすくなるのかもしれません。

　ここまでは、見て、体験するということですが、それで終わってはもったいないです。上司や後任にも分かるように、企業ファイルに整理し金融機関内に情報を蓄積するようにしましょう。

　本書では踏み込みませんが、実際のコンサルティングではこれらターゲットや価格、採算状況などを総合的に踏まえ製・商品の戦略を検討していくことになります。**図表３－５**はその代表的な見方です。既存の製・商品・サービスを見る際は、常にこうして分けて考えることでより深く捉えることができるようになります。

　また、これらのヒアリングの結果を整理することで、その会社（製・商品）の市場における位置づけや、意図や狙いが分かります。これらも

【製・商品についての確認事項】

確認する項目	内容・ヒアリング事項
調査の手順	①カタログ、ホームページ、企業ファイル ②製・商品現物確認 ③工場確認（製造方法） 　現地確認（建築・不動産業など） 　体験（飲食、サービス業等）
製・商品・サービスの特徴を確認する ・マーケティングの４Ｐの視点で聞く 製品（Product） 価格（Price） 流通（Place） 広告（Promotion）	・主なターゲット ・ラインナップ ・機能（性能のレベル感） ・価格帯 ・強み（他社製品との優劣ポイント） ・市場内での位置づけ ・ネット等で他社の製品（動向）と比較する、経営者に違いを確認する ・社内のショーケースに置いてある製・商品は代表的な商品。どういうもので、どこへ、いくらで売っているのか、年間どのくらい売れているのか、単価などを確認する
販売方法	・営業は何人くらい？（増やす必要あるか） ・どういう販路拡大策を考えているか？ ・広告宣伝方法は？　いくらくらい資金をかけているか ・金融機関で支援はできるか **【ビジネスマッチング等】**
ライフサイクル	・取扱商品の推移（何代目の商品か、どのように変化したか、それはなぜか、結果は？） ・開発後どの程度経過しているか ・次の開発／改良時期はいつか
これまでのトレンドと今後の見通し	・販売実績と見通し ・採算状況（儲かる商品か）と向上策

ヒアリング時に手書きしながら進めることで、より具体的に話ができるようになります。

　こうした製・商品・サービスをしっかりと見ることを継続して行うこ

第3章 企業の事業内容を確認する

〈図表3－5〉ヒアリング内容を整理するためのフォーマット（例）

① 4Pと4C

4P	4C
製品（Product）	顧客価値（Customer Value）
価格（Price）	顧客にとっての経費（Cost）
流通（Place）	顧客利便性（Convenience）
販促（Promotion）	顧客とのコミュニケーション（Communication）

② アンゾフの成長マトリックス

市場

	既存	新規
既存製品	■市場浸透戦略 マーケットシェアを高める戦略	■新市場開拓戦略 現状の製品を新しい顧客へ広げ成長を図る戦略
新規	■新製品開発戦略 新製品を現在の顧客へ投入して成長を図る戦略	■多角化戦略 現在の事業と関連しない新しい分野へ進出して成長を図る戦略

③ 製品ライフサイクル

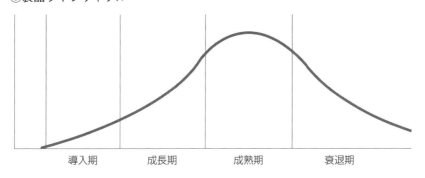

導入期　成長期　成熟期　衰退期

とで得られる効果は2つあります。

一つは、対象先企業のことがよく分かるということです。対象先企業の製・商品・サービスを通してその企業が何を目指しているのかということが分かります（ターゲット、価格帯、事業展開など）。

もう一つは、皆さんが今後他社を見るうえでの参考軸ができるということです。今後も多くの企業を担当することになると思いますが、おそらく同じ業界、業種の企業を経験することもあるでしょう。その際に一度企業を深掘りしておくと、過去の取引先や同業他社との比較も容易に行え、経営者と自信を持って話ができるようになります。

皆さんの知識の幅を広げることにもつながりますので、取引先の製・商品・サービスにはしっかりと興味を持ちましょう。

【ネタ】
・まずは製・商品やサービスの内容を把握し強みや特徴を確認しよう。
・規模を大きくする、仕様を変更する、新規開発するなど、何らかの動き、変化する際に資金ニーズが発生する。

第5節　取引先の内容を時系列につかもう

皆さんが企業格付や貸出稟議書を作成する際、財務データを見ると思いますが、3年程度を見ることが多いのではないでしょうか。

対象先企業を深掘りするのであれば、できれば5〜10年間見てみてみましょう。前年との比較だけでは見えなかったことも、10年間で比較すると大きく変化している項目があるはずです。収益構造や財務体質が変わったことも発見でき、将来見通しの把握や融資提案などにつながってきます。

図表3−6はある企業の運転資金の推移です。業績は決して悪くないのですが、資金繰りはタイトになっています。こうした企業の背景を確

認することで、運転資金融資などにつながってきます。

　また、長期間の推移・変化も漠然と売上や利益の増減だけを見るのではなく、色々な視点や外部環境と関連づけてみると、より実態がつかみやすくなります。

　例えば、原材料を海外から輸入している企業であれば為替相場の影響を大きく受けますし、運送業では原油価格との関連や、自動車部品メーカーでは国内自動車生産台数と紐づけして見ることで、対象先企業に対する外部環境の影響なども分かってきます。ここでは、売上高を価格と量とに分解することが重要です。**図表3－7**は鉄鋼部品卸売業者の売上高を分解したものです。

　このように、価格変動が大きい製・商品を取り扱っている企業に関しては、相場との相関性を時系列につかんだり細分化することで、より実態が見えてきますし、デリバティブなどの提案にもつながります。

〈図表3－6〉運転資金の推移

	10年前	月商比	5年前	月商比	4年前	月商比	3年前	月商比	2年前	月商比	前期	月商比
売掛金	100	1.0	110	1.1	113	1.2	115	1.2	118	1.2	120	1.2
棚卸資産	100	1.0	130	1.3	135	1.3	140	1.4	145	1.4	150	1.5
買掛金	100	1.0	100	1.0	100	1.0	100	1.0	100	1.0	100	1.0
運転資金	100	1.0	140	1.4	148	1.5	155	1.6	163	1.6	170	1.7
（月商）	100		100		100		100		100		100	

※運転資金の算出方法：売掛金＋棚卸資産－買掛金

- ・直前だけを見ていると変化に気づかないが、5～10年スパンで捉えると構造が変化していることに気づきやすくなる。
- ・なぜこのように変化したのか、新規先の影響？　サイトの変更？　売れ残り在庫発生？　など、推測しながら顧客にヒアリングすることが必要。
- ・これらが資金繰りにどういう影響を与えているか（現預金水準は減った？）、財務面の構造は変化している？　などの疑問を持つところから、運転資金などの融資につながってくる。

〈図表3－7〉相場変動の例

例：鉄鋼部品卸売業者の売上／粗利益推移

　　前提：粗利率は30％確保できるビジネス。相場の変動で売上は大きく増減し粗利益実額も変わる。

　　単に売上が落ちているという指摘だけでなく、外部環境の影響を踏まえることで提案の幅も広がる。

（単位：百万円）

	H25／3期	売上比	H26／3期	売上比	H27／3期	売上比	H28／3期	売上比	
売上高	308	100.0%	364	100.0%	319	100.0%	297	100.0%	←売上は落ちている
売上原価	216	70.0%	255	70.0%	223	70.0%	208	70.0%	←原価率、粗利率は変わらず
粗利益	92	30.0%	109	30.0%	96	30.0%	89	30.0%	←粗利実額は減少
取扱量（トン）	毎期変わらず　→								
平均相場（千円／トン）	28		33		29		27		
昨対	－		18.1%		－12.3%		－6.9%		

〈図表3－8〉時系列に細分化することでできるアドバイス

	H27／3期					H28／3期					
	売上高	客数	点数	1人あたり売上高	1人あたり点数	平均単価	売上高	客数	点数	1人あたり売上高	1人あたり点数	平均単価
A店	10,000	50	100	200	2.0	100.0	11,000	55	110	200	2.0	100.0
B店	12,000	45	72	267	1.6	166.7	13,500	35	51	386	1.5	264.7
C店	15,000	85	400	176	4.7	37.5	14,000	100	520	140	5.2	26.9
合計	37,000	180	572	206	3.2	64.7	38,500	190	681	203	3.6	56.5

・決算書で分かるのは売上高合計値のみ。
・売上高を分解することで各店のトレンドや方針がつかめる。　←これを押さえたうえで、今後の見通し、戦略を考える
・方針　：A店…変化なし
　　　　　B店…単価引上げ、高級化路線？
　　　　　C店…単価引下げ、低価格路線？

図表3－8はアパレル販売企業の売上高推移です。売上高を分解することで、各店の状況や方針が明確になり、今後の見通しも立てやすくなります。ここでは、客数、点数、単価に分けましたが、業種によっては量などで分ける方法もありますので、各々の状況に応じて分解してみましょう。

【ネタ】
・長期のトレンドを見ることで企業や製・商品の変化が分かります。
・相関性の高い項目への対策は融資やデリバティブ、助言などにつながります。

第6節　販売先をつかもう

　皆さんも取引先企業の販売先(売上相手)は把握していると思います。主な販売先は決算書の受取手形、売掛金一覧を見れば分かりますし、企業ファイルにも記録されています。また、大きく増減したり入れ替わった場合は、経営者に状況を聞くなどで毎年チェックしているはずです。

　ここで重要なのは、①増減の要因をつかむということ、②販売先のさらに販売先（エンドユーザーなど）の動向まで見ることです。販売先の名前を確認するだけでなく、販売状況を分解し、エンドユーザーは何を求めているのかなどを経営者にヒアリングすることが必要です。

　この方法ですが、まずは取引先企業に数値実績を依頼します。一部の小売業や飲食業を除き、ほとんどの企業はどこに何をいくら売ったかというデータは管理しています（まれにまったく管理していない会社もある）。この実績を3期程度並べると、取引先別のトレンドが見えてきます。さらに製・商品別に押さえることで増減要因が分かりやすくなり、対象先企業の何が受け入れられているか（もしくは受け入れられなかったのか）、時系列で捉えることができます。まず、この分析までは行うようにしましょう（**図表3－9**）。

　次に、取引先企業の販売先の販売先（エンドユーザーなど）の動向まで見ることの必要性についてです。

　これは俯瞰図のところでも説明しましたが、小売業・サービス業などを除く多くの中小企業は、自社がエンドユーザーと直接取引をすることは稀であり、いくつかの川下企業（素材メーカーを川上、消費者に近い方を川下としている）が介在するため、それらの業績動向や外部環境などに大きな影響を受けます。

　したがって、取引先企業の今後の売上動向を推測するうえで、それら販売先の動向や業績見通し、加えて税制や市場動向などの外部環境も押

第3章　企業の事業内容を確認する

〈図表3－9〉取引先別推移

	H26／3期	構成比	H27／3期	構成比	H28／3期	構成比	
売上高	10,000	100.0%	10,000	100.0%	10,000	100.0%	→ここだけを見ていると横這い推移
取引先A	3,150	31.5%	3,095	31.0%	3,060	30.6%	↘
商品X（高級品）	2,400	24.0%	2,420	24.2%	2,460	24.6%	↗
量	20	—	20	—	20	—	個数不変
単価	120	—	121	—	123	—	単価引上げ
商品Y（標準品）	750	7.5%	675	6.8%	600	6.0%	↘
量	10	—	9	—	8	—	受注減少　←この影響が大きい
単価	75	—	75	—	75	—	単価不変
取引先B	4,200	42.0%	4,130	41.3%	4,090	40.9%	↘
商品Z（廉価品）	2,100	21.0%	2,240	22.4%	2,340	23.4%	↗
量	70	—	80	—	90	—	ボリューム優先
単価	30	—	28	—	26	—	単価引下げ
商品Y（標準品）	2,100	21.0%	1,890	18.9%	1,750	17.5%	↘
量	30	—	27	—	25	—	受注減少　←この影響が大きい
単価	70	—	70	—	70	—	単価不変
取引先C	2,650	26.5%	2,775	27.8%	2,850	28.5%	↗
商品X（高級品）	2,650	26.5%	2,775	27.8%	2,850	28.5%	↗
量	23	—	24	—	24	—	
単価	115	—	117	—	118	—	単価引上げ

	H26／3期	構成比	H27／3期	構成比	H28／3期	構成比	
商品X（高級品）	5,050	50.5%	5,195	52.0%	5,310	53.1%	↗
量	43	—	44	—	44	—	高級品は単価引上げが寄与
単価	117	—	119	—	120	—	
商品Y（標準品）	2,850	28.5%	2,565	25.7%	2,350	23.5%	↘
量	40	—	36	—	33	—	標準品は受注減少
単価	71	—	71	—	71	—	
商品Z（廉価品）	2,100	21.0%	2,240	22.4%	2,340	23.4%	↗
量	70	—	80	—	90	—	廉価品は価格引下げで量拡大
単価	30	—	28	—	26	—	

さえることが必要です（俯瞰図を作成する過程で経営者に確認するとよい）。まれにエンドユーザーの需要は活発でも、川下企業の業績が悪化したために売上が落ちるというケースがあります。

こういう場合は、他社経由で販売することをアドバイスすることで、売上高を維持できることもあります。

【ネタ】
・取引先の変化（新規、条件変更）は融資が発生するタイミング。現在の取引状況は押さえておきましょう。

第7節　仕入先をつかもう

仕入先は、小規模だったり多岐にわたることもあり、販売先ほど重要視していない人が多いかもしれません。主な仕入先は決算書の支払手形や買掛金一覧を見ればおおよそつかめます。

製造業や卸・小売業などでは（仕入）原価というのは、一般的には人件費と並ぶ最大の経費になります。したがって、企業の採算実績や今後の収益見通しを立てるうえで、仕入先ならびに仕入品の価格を始めとする動向について把握することは重要です。

図表3－10は業種別の粗利益率（と経常利益率）の例です。この粗利益率をひっくり返すと原価率になります。これを見ると、いかに仕入れを含む原価の比重が高いかが分かると思います。ですから、ここをどれだけ押さえられるかは、収益改善においても大きなポイントになります。

仕入先の推移についても、販売先と同様に価格と量によって分解して、過去の流れと今後の見通しをつかみます。筆者が仕入先を分析する際は、価格動向を押さえることは当然、同一製・商品を仕入れている企業が複数あればその仕入単価まで比較し、相見積りの徹底や価格低減交

第3章　企業の事業内容を確認する

〈図表3－10〉業種別の利益率（売上原価の比率を知る）

業　種	平　均		黒字かつ自己資本プラス企業		（調査対象数）	（黒字かつ自己資本プラス企業数）
	粗利益率	経常利益率	粗利益率	経常利益率		
製造業	36.0%	－0.5%	32.6%	3.3%	6,416	2,581
食料品製造業	34.4%	－1.6%	29.2%	2.0%	705	257
プラスチックス品製造業	34.4%	－0.6%	31.4%	3.3%	311	116
自動車部品製造業	33.3%	1.4%	33.7%	5.2%	208	81
卸売業	28.5%	－0.3%	28.7%	1.9%	6,169	2,662
小売業	36.2%	－0.8%	36.6%	2.1%	5,191	1,825
婦人服小売業	42.8%	－1.3%	44.1%	1.8%	301	106
鮮魚小売業	36.1%	－0.8%	35.8%	1.2%	56	12
建設業	28.4%	1.0%	27.7%	3.1%	13,662	6,863
運輸業	45.9%	－0.4%	46.8%	2.3%	2,441	870
一般飲食店	64.4%	－0.8%	65.7%	2.4%	1,027	307
宿泊業	80.1%	－0.4%	83.4%	4.5%	241	83

出所：日本政策金融公庫 小企業の経営指標

渉などをアドバイスして原価低減につなげます（**図表3－11**）。

　なお、価格動向については日頃から日本経済新聞などを読むことで相場感を身につけることは可能ですし、取引先企業の業界団体のホームページや、顧客が購読している業界紙などをチェックすることで、トレンドや見通しもつかめます。

　この収益改善のアドバイスとして、売上原価（仕入価格）を下げる必要があるということを伝える際、仕入製・商品の価格動向や為替影響などのトレンドはつかんでおきましょう。経営者からは外部環境を理解していることを分かってもらえますし、より現実的な話に進展しやすくなるものです。

〈図表3－11〉仕入コストを分解する

仕入先	材料X			材料Y			平均		
	仕入金額	量	単価	仕入金額	量	単価	仕入金額	量	単価
A社	100,000	1,000	100	125,000	500	250	112,500	750	175
B社	84,000	700	120	130,000	500	260	107,000	600	190
合計	184,000	1,700	220	255,000	1,000	510	219,500	1,350	365
平均	92,000	850	110	127,500	500	255	109,750	675	183

・仕入金額を量と単価に分解すると違いが見える
・なぜ、この単価設定になっているのか？　どういう交渉をしているのか？
　経営者や仕入れ担当者に確認し、価格交渉などを促すことで改善につながるケースは多い
・仕入サイトを短縮することにより、価格交渉が優位になるケースもある【融資ネタ】
　その場合は、金利や割引メリットなどを押さえることが必要

【ネタ】
・支払条件を変更する（早く払う）ことによる割引メリットがとれることもあります。融資のネタを作り出す視点を持ちましょう。

第8節　部門別につかもう

　企業の実態をつかむには、色々な切り口で細分化することが重要です。まずは、売上高を細分化してみましょう。

　損益計算書の一番上に記載されている売上高の数値だけを見ると、単に昨年より増えたのか減ったのかという程度しか分かりません。ところが、これを製・商品別、取引先別、地域別、店舗別、営業担当者別などの多様な切り口に分類したり、さらには単年度ではなく数年間の期間で捉えることで、どの部門が伸び（減少し）、今後どうなりそうかが想定

第3章　企業の事業内容を確認する

〈図表3－12〉売上を分類する

＜コメント＞

①売上高推移	H26／3期	H27／3期	H28／3期	
売上高	1,000	900	800	これだけだと、売上が減ったことしか分からない

②部門別推移	H26／3期	H27／3期	H28／3期	
売上高	1,000	900	800	
A事業部	200	300	400	伸びている
B事業部	350	350	350	横這い
C事業部	450	250	50	C部門が急激に悪化。要因は？

③製品別推移	H26／3期	H27／3期	H28／3期	
売上高	1,000	900	800	
D製品	150	140	160	ほぼ横這い
E製品	450	430	400	微減
F製品	400	330	240	F製品が低調。なぜ？

④担当者別推移	H26／3期	H27／3期	H28／3期	
売上高	1,000	900	800	
Gさん	500	250	150	Gさんが落ちている。何があった？
Hさん	250	350	300	ほぼ横這い
Iさん	250	300	350	ほぼ横這い

・上記①だと増減数値しか分からない。細分化することで部門を特定し、要因を確認する。
・その結果、今後の対策や見通しを立てやすくなる

しやすくなります。また、伸びている部門の要因や背景を確認することにより、対象先企業の「強み」「機会」が発見でき、逆に落ち込んでいる部門には、どういう課題や「弱み」「脅威」があるのかを把握することにもつながってきます（**図表3－12**）。

　これら部門の実態をより詳しく把握するためには、各部門の利益段階まで把握できることが理想です。

なぜなら、売上が圧倒的に大きく、人員も多く配置、経営者もこの部門が自社の柱であると認識している部門が、実はまったく儲かっていないということは往々にしてあるからです。こうした、低・不採算部門へ限りある経営資源（人・資金など）を投入し続けると経営は改善しないどころか、場合によっては悪化することさえあります。その背景としては、経営者が過去の成功体験に引っ張られていることが多く、特に自身が立ち上げたり深く関わってきた部門であれば、なおさら縮小しにくいからです。

したがって、皆さん金融機関が取引先企業の部門採算を把握し、今後の方向性について経営者にアドバイスすることは、とても大きな効果があります。筆者の経験上、中小企業でこうした製品ごとや部門ごとの損益までしっかり管理できているところは、一部の優良先を除きほとんどありません。逆に言うと、数字に強い金融機関の皆さんにとってはサポートしやすい項目だと言えます。

それでは、この部門ごとの損益を算出する方法ですが、はっきり言って簡単ではありません。なぜなら、しっかりした原価計算に基づかなければ正確な数値は出ませんし、一定期間の実績値を集める必要もあります。とは言っても、その完成を待っていてはすぐに数ヵ月かかりますし、ずっと出てこない可能性もあります。そのため、筆者は顧客から販売データや各種コストなどのデータを一式もらい、ヒアリングしながら部門採算を作成します。

皆さんは1社のためにそこまでかける時間はありませんので、せめて**図表3－13**のように分類することで大まかな状況は捉えられます。それ以上は、顧問税理士やコンサルタントなどを活用して精度を高めるようにするとよいでしょう。

ここまでできると、部門の利益はある程度把握できるようになります。あまり細部にこだわっては何も進まないので、顧問税理士などと連携してまずは簡易に把握することから始めましょう。

第3章 企業の事業内容を確認する

〈図表3-13〉部門採算を算出する

		A事業部	B事業部	C事業部	本部経費	合計	備考
売上高		300	200	400	-	900	この分類は大体の企業で可能
変動費		150	120	280	-	550	直接材料費、外注費など。これもある程度つかめる
限界利益		150	80	120	-	350	このプラスは必須。マイナスの場合は撤退検討
(限界利益率)		50.0%	40.0%	30.0%	-	38.9%	売上が多いところが儲かるわけではない
直接固定費		85	35	110	100	330	
	人件費	50	20	70	50	190	部門別であれば人件費は拾える（会社へ依頼）
	経費	35	15	40	50	140	直接費と間接費の配分は難しい。可能な項目より分類する
貢献利益		65	45	10	▲100	20	これがマイナスなら本部経費の負担ができていない
本部経費		36	14	50	-	100	一定ルールで配賦（例：人員、スペース、本部依存割合など）
配布後利益		29	31	▲40	-	20	全体で利益は出ているが、不採算部門もある。これをどうするか？

　そして、算出した部門採算から各部門の実績、強み、弱みなどを把握するとともに、今後の方向性（伸ばす、改善する、縮小する、撤退するなどについて）の検討に活用していきます。

【ネタ】
・企業は部門別の採算が分かると、拡大、縮小、統合、移転などの変化を起こそうとします。部門別の採算管理方法を金融機関が教えて融資につなげましょう。

第9節　事業内容把握のためのチェックポイント

　次に掲げたのは、取引先企業の実態を確認する際に最低限押さえるべき項目です。これをベースに、取引先の状況に応じて、また他社との比較などを踏まえて、自分のチェックポイント集を作ってみましょう。

【ヒアリング項目・チェックポイント】

項　目	ヒアリング項目・チェックポイント
経営理念・方針 経営全般	・中長期的なビジョン・戦略、方針 ・企業の沿革とこれまでの大きなトピックス 　（成功・失敗事例、経営判断の内容など） ・これからどういう方向を目指すのか ・どこに事業領域を設定しているか ・自社の強み、弱みをどう考えているか ・経営上の課題、ネック ・（業績が厳しい会社は）なぜ厳しくなったのか、今の状況と原因
ヒト・組織	①経営者 　・各経営者の役割とこれまでの経歴 　・事業、業務内容の把握状況 　・社長の性格、能力、人望はあるか 　　性格（ワンマン、調整型、温厚、見栄っ張り、勉強熱心など） 　・健康状態、趣味など 　・数値の把握方法、管理状況 　・後継者の有無 　・事業承継の方針と相談相手 　・業界団体などへの関与状況（本業が疎かになっていないか） ②従業員 　・組織図と各役割、人数配分（過不足を確認） 　・信頼できる幹部・社員の有無 　・従業員の定着率とその理由

	・従業員の意識(やる気、不満など) ・社内の問題、改善に向けた行動状況 ・給与体系、経営者への要望等 ③採用・教育等 　・従業員の教育体制・育成方針 　・モチベーションアップ、維持策の内容 　・人材募集の提示金額について 　　(相場との比較、応募状況)
モノ・製・商品 サービス	①種類、ラインナップ 　・主な製・商品、サービス概要とラインナップ 　・価格帯と戦略(高価格、低価格など) 　・各製・商品の採算状況 ②特徴・強み、位置づけ 　・当該製・商品の売りは何か 　・他社と比べて優劣はどうか 　・どうやって拡販するか(広告宣伝方法等) 　・今後どういう方向を目指していくか
取引先	①販売先 　・売上実績と今後の見通し 　・採算状況、どこが儲かっているか 　・同社に対するニーズは何か 　　(品質、価格、サービス、ブランド?) 　・俯瞰図等から、今後拡大するにはどういう領域を 　　攻めるか ②仕入先 　・価格交渉状況、相見積りの有無 　・仕入価格のトレンド ③外注先 　・外注発注ルールの確認 　・コストの動向 　・抑制、内製化の可能性とその際のコスト
外部環境	①市場動向、規模 　・経営者は、今後どういう方向になると考えている 　　か 　・技術性や革新性などの方向性 　・最近の業界トピックス 　・他社の動き、競合の参入など

	②競合 ・具体名で確認する ・優劣のポイントは何か（品質、価格など） ・どこで勝負をするか、勝算は
業務面	①営業 ・活動状況（待ち受け、外交型、ルート営業等） ・見積金額の妥当性、経営陣による確認有無 ・（小売業など）店頭での接客、対応力 ・販売計画と実績（過去3期分程度） ・広告宣伝方法、費用対効果 ・担当者の成果管理、モチベーション維持策 ・価格決定ルールと決定権者 ②企画・開発 ・製品開発のコンセプト（どういう方向か） ・製品開発計画とその進捗管理状況 ・年間、どの程度の企画・開発が行われているか。その成果は ・ニーズの汲み上げ方（ユーザー等との接点の有無） ③仕入・購買 ・仕入価格の確認、相見積りの実施状況 ・同一担当者が長く担当していないか ④製造 ・生産管理方法 ・多品種少量生産の場合の対策（不採算商品の絞り込みなど） ・ボトルネックの有無、改善策 ・遅れ、ミス、トラブル、ロス等の発生状況 ・工場のキャパシティ、機械の稼働状況 ・仕入、在庫管理の状況 ・人員過不足、パート・外注派遣の活用状況 ・製造コストの削減成果、今後の改善策 ⑤部門間の連携 ・社内のコミュニケーション、風通しは良いか。連絡、連携ミスによりムダな発注、納期遅れ、顧客対応漏れ等のトラブルは多い。 　（例）製造業のケース 　　　営業⇔開発　　　：仕様相違など 　　　営業⇔製造　　　：納期遅れなど 　　　製造⇔メンテナンス：製品トラブル発生など

第3章 企業の事業内容を確認する

社内管理	①組織管理 ・目標設定方法と実績管理 　評価ルールの有無 ②採算管理 ・取引先別、製・商品別、担当別の把握 ・算出できていない場合、顧問税理士、コンサル等と連携して段階的に作成するようアドバイスする ・値引きルール
カネ・資金繰り	・大口取引先の入金と支払サイト（運転資金を算出する） ・年間の動き（トレンド、季節資金ニーズ） ・月内の動き（トレンド、月中の資金ニーズ） ・収支構造（営業CF、投資CF、返済状況） ・他行動向、返済金額、金利状況、支援スタンスなど

〈図表3－14〉 5フォース

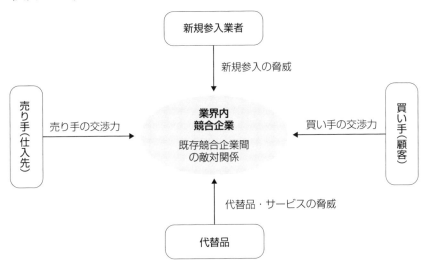

第4章

企業の強みを伸ばす支援をする

前章では、企業を事業面から捉え、その実態を把握するための事前調査や押さえておくべき項目を中心に解説しました。
　本章では、これらの情報に基づき、対象先企業の強みと弱み、そしてどのような課題を抱えているのかを整理・把握していきます。そのうえで、経営力向上や改善に向けた融資や助言について解説します。

第1節　金融機関にできることは何だろう

1 企業の強みを数値で捉える

　皆さん金融機関の強みとは一体何でしょうか？
　金融機関には多くの強みがありますので、色々な意見があると思います。一方で、弱みや悪いところばかりが見え、強みと思う項目が出てこなかった人もいるかもしれません。筆者が元銀行員の立場として考えたのは、次のようなことです。

〈図表4-1〉金融機関の強み

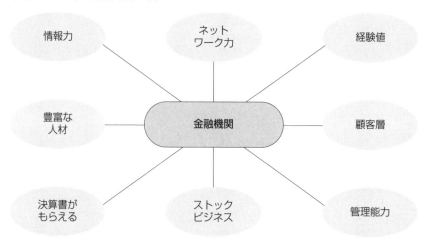

金融機関にいるとあまり気にしないことかもしれませんが、**図表4－1の強みは金融機関という業種特性の強みであり、他の業種業界にはない極めて特殊、かつ優位な強みであるといえます。**

　次に金融機関の行職員が持っている強み、特性とは何でしょうか？

　これも様々な意見があると思いますが、個人的には、常日頃からすべてのモノ・コトを「数値」で捉えられる（そうした経験を積んでいる）点ではないかと思います。顧客が行う事業という定性的なものを数値という定量的な尺度で捉え、現状把握や将来見通しを立てることができるという能力は、他の業界で働く人にはない強みです。

　経営者アンケートなどで、金融機関は数字のことばかり指摘し、事業を見ないなどとよく指摘されますが、これも裏返せば数字の見方が得意という強みになっている例です。

　この企業の強みを数値で捉えるという能力ですが、これは単に決算分析ができるということだけを意味しているのではありません。例えば、融資の返済可能性の判断や投資の妥当性検証、事業計画の策定支援やその後のモニタリング管理など、取引先の過去から将来にわたって数値化できるということです。

　つまり、金融機関の行職員である皆さんは、数値という「ものさし」を通じて経営を俯瞰し、現状ならびに今後の将来見通しを判断することができるということです。こうした能力を持つ（訓練を積んだ）人が「事業」に興味を持てば、ある意味、鬼に金棒であり高度なコンサル機能を発揮できるといえます。

2 企業の強みを金融機関が教える

　前述の通り、組織の内部にいると自社の強みは見えにくいものです。筆者は、この強みを企業経営者に的確に伝え、そこから成長に向けた支援を完遂できるのは、金融機関しかないと思っています。私たちコン

サルタントは、現状分析や各種経営改善の支援はできますが、そのために必要な資金の提供＝融資を行うことまではできません。

　企業経営者に対し、事業の実態を把握したうえで、自社の「強み」「弱み」「改善策」などを教えてくれる金融機関の行職員は本当にありがたい存在ですし、こうした人からしっかりとした融資の提案や助言があれば、経営者が受け入れてくれる可能性も高くなるでしょう。

　この強みを伝えるにも手順があります。SWOT分析（後述）などで顕在化した強みを伝えても、経営者にはこれは本当に強みなのか？　何に対してどれほど強いのか？　という疑問がわきます。ですから、キャッシュフローや損益見通しなど可能な範囲で数値化したり、公的機関や第三者の見解などを得ることで納得性を高めるのです。

３　金融機関の経験・ノウハウを活用する

　金融機関の強みの一つに「（長年蓄積された）情報や経験を保有していること」があげられます。中小企業で過去のデータや情報をしっかりと管理し、有効に活用できている先はごく一部に限られますし、持っている情報量は自社の記憶に基づいた経験則と、他社などからヒアリングで得られた情報程度に限られるのが実態です。

　こうした中小企業が金融機関に求めることの一つに、「有益な情報提供、経営支援やアドバイスといった融資以外の各種サービス」があげられます（**図表4－2**）。

　つまり、中小企業経営者は自社のことをしっかり理解し、安定的な融資を提供してくれることを前提に、金融機関の広範な経験やノウハウ、他社の動向等を踏まえた有益な情報やアドバイスの提供を求めています。そして、それができる金融機関をメインバンクに位置づけています。

　筆者の経験では、経営者が喜ぶ情報として「同業他社の動きや成功・失敗事例、特に同規模企業の事例」を求めるケースが多いです。この情

第4章　企業の強みを伸ばす支援をする

〈図表4－2〉メインバンクを選択する理由

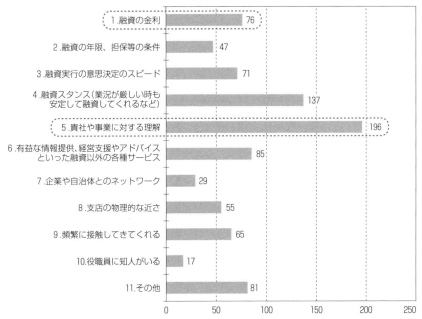

出所：金融庁資料　平成27年12月 企業ヒアリング中間報告

報は金融機関には相当蓄積されているはずです。当然、守秘義務があるので詳細を話すことは難しいですが、上手に伝えることで、取引先企業が新たに動き出したり事業を開始することもあり、結果として新規融資へつながってきます。こうした情報を呼び水として、取引先企業へ提供することも新規融資を獲得するうえでは欠かせません。

また、直接的な売上拡大支援＝ビジネスマッチングなどは最も期待されるところです。これも、販路拡大に伴う運転資金や設備投資などの融資につながってきます。

つまり、金融機関としては、企業の新たな事業展開や成長につなげるためにすでに蓄積している有益な情報を提供し、次に融資等で支援するという「WIN-WINの関係」を構築できるように進めることが理想です。

これは、金融庁による「中小・地域金融機関向けの総合的な監督指針」にもあります（後記）。

また、取引先の情報提供が難しければ、中小企業庁等の公的機関が運営する「ミラサポ」「J-NET21」などに中小企業の成功事例等が多く記載されていますので、ここから取引先企業に合った情報を提供することも有効です。

余談ですが、顧客が営業上の新規取引を検討する際に、帝国データバンクや東京商工リサーチ等から信用情報を取得するケースがあります。経営者も評点50点以上は良いなどの判断はできますが、レポートに記載されている内容をしっかりと理解して、判断に活かせる人は少ないと思います。

一方、皆さんはこうした与信判断を毎日行っているので得意です。ですから、取引先に「新規取引を開始する際の与信管理、判断方法」の手順を聞き、必要に応じて相談してもらうようなアドバイスをするだけでも経営者の信頼は高まります。また、金融機関としても新規取引の情報をいち早くつかめ、運転資金融資の獲得にもつながります。

4 中小企業支援に取り組む

次の項目は、平成27年8月に金融庁が発表した「地域金融機関の密着型取組み等に対する利用者等の評価に関するアンケート調査結果」の一部です。これは、金融庁が中小企業者等に対し聞き取りによるアンケートを実施し、評価できる点と、不十分な点の両面を集約したものです。その中から「目利き能力」の箇所を抜粋して紹介します。

少し厳しい意見もありますが、中小企業の経営者は金融機関をこのように見ているということです。よって、この不十分（▲）とされている点を早期に克服することで、他金融機関と差別化できると前向きに捉えて行動に移してみましょう。

第4章　企業の強みを伸ばす支援をする

【地域金融機関の密着型取組みに対する利用者等の評価に関するアンケート調査結果（一部抜粋）】

> 【目利き能力】
> ○年に1回、会社の決算書等を基に企業評価および分析をしたレポートをいただいており、そのレポートにより自社の改善点などを認識することができる。
> ○創業支援、事業承継等、企業のライフステージに対応した課題を解決するためのコンテンツを行内に蓄積しており、支店の渉外係からの情報に基づき、本部のコンサル対応スタッフが顧客に提案を行っている。
> ▲中小企業診断士の資格を有する地域金融機関職員も多くなったが、財務諸表に拠らず自信を持って企業を評価できる人材はまだ育っていないと感じる。
> ▲融資については、不動産担保や保証人ありきの融資が多く、目利き能力の発揮や事業性評価を重視した融資があるとは思えない。
> ▲今までの実績や結果により融資の判断をしており、企業の成長性を見ていないと感じることが多い。

第2節　企業の強みを伸ばす支援をしよう

　金融機関が中小企業に対してどのような支援を求められているのかという点について、まず、金融庁が平成28年6月に公表した「中小・地域金融機関向けの総合的な監督指針」の中から、該当する箇所について見てみましょう。

【中小・地域金融機関向けの総合的な監督指針（一部抜粋）】

（前略）
Ⅱ－5－2－1　顧客企業に対するコンサルティング機能の発揮

　顧客企業の事業拡大や経営改善等に当たっては、まずもって、当該企業の経営者が自らの経営の目標や課題を明確に見定め、これを実現・解決するために意欲を持って主体的に取り組んでいくことが重要である。

　地域金融機関は、資金供給者としての役割にとどまらず、長期的な取引関係を通じて蓄積された情報や地域の外部専門家・外部機関等とのネットワークを活用してコンサルティング機能を発揮することにより、顧客企業の事業拡大や経営改善等に向けた自助努力を最大限支援していくことが求められている。

　特に、貸付残高が多いなど、顧客企業から主たる相談相手としての役割を期待されている主たる取引金融機関については、コンサルティング機能をより一層積極的に発揮し、顧客企業が経営課題を認識した上で経営改善、事業再生等に向けて自助努力できるよう、最大限支援していくことが期待される。

このような顧客企業と地域金融機関双方の取組みが相乗効果を発揮することにより、顧客企業の事業拡大や経営改善等が着実に図られるとともに、顧客企業の返済能力が改善・向上し、将来の健全な資金需要が拡大していくことを通じて、地域金融機関の収益力や財務の健全性の向上も図られるという流れを定着させていくことが重要である。

　地域金融機関のコンサルティング機能は、顧客企業との日常的・継続的な関係から得られる各種情報を通じて経営の目標や課題を把握・分析した上で、適切な助言などにより顧客企業自身の課題認識を深めつつ、主体的な取組みを促し、同時に、最適なソリューショ

ンを提案・実行する、という形で発揮されることが一般的であるとみられる。以下に地域金融機関に期待される顧客企業に対するコンサルティング機能を具体的に示すこととする。

　なお、これは、当局及び地域金融機関、さらには顧客企業の認識の共有に資するために、本来は、顧客企業の状況や地域金融機関の規模・特性等に応じて種々多様であるコンサルティング機能を包括的に示したものである。コンサルティング機能の具体的な内容は、各金融機関において自らの規模・特性、利用者の期待やニーズ等を踏まえ、自主的な経営判断により決定されるべきものであり、金融機関に対して、これら全てを一律・網羅的に求めるものではないことに留意する必要がある。

（1）日常的・継続的な関係強化と経営の目標や課題の把握・分析
①日常的・継続的な関係強化を通じた経営の目標や課題の把握・分析とライフステージ等の見極め

　顧客企業との日常的・継続的な接触により経営の悩み等を率直に相談できる信頼関係を構築し、それを通じて得られた顧客企業の財務情報や各種の定性情報を基に、顧客企業の経営の目標や課題を把握する。

　そのうえで、以下のような点を総合的に勘案して、顧客企業の経営の目標や課題を分析し、顧客企業のライフステージ（発展段階）や事業の持続可能性の程度等を適切かつ慎重に見極める。

・顧客企業の経営資源、事業拡大や経営改善に向けた意欲、経営の目標や課題を実現・解決する能力
・外部環境の見通し
・顧客企業の関係者（取引先、他の金融機関、外部専門家、外部機関等）の協力姿勢
・金融機関の取引地位（総借入残高に占める自らのシェア）や取引

状況
　（設備資金／運転資金の別、取引期間の長短等）
・金融機関の財務の健全性確保の観点
②顧客企業による経営の目標や課題の認識・主体的な取組みの促進
　顧客企業が自らの経営の目標や課題を正確かつ十分に認識できるよう適切に助言し、顧客企業がその実現・解決に向けて主体的に取り組むよう促す。
　顧客企業の認識が不十分な場合は、必要に応じて、他の金融機関、外部専門家、外部機関等と連携し、顧客企業に対し認識を深めるよう働きかけるとともに主体的な取組みを促す。
（2）最適なソリューションの提案
　顧客企業の経営目標の実現や経営課題の解決に向けて、顧客企業のライフステージ等を適切かつ慎重に見極めた上で、当該ライフステージ等に応じて適時に最適なソリューションを提案する。その際、必要に応じ、顧客企業の立場に立って、他の金融機関、外部専門家、外部機関等と連携するとともに、国や地方公共団体の中小企業支援施策を活用する。
　特に、顧客企業が事業再生、業種転換、事業承継、廃業等の支援を必要とする状況にある場合や、支援にあたり債権者間の調整を必要とする場合には、当該支援の実効性を高める観点から、外部専門家・外部機関等の第三者的な視点や専門的な知見・機能を積極的に活用する。
　なお、ソリューションの提案にあたっては、認定経営革新等支援機関（中小企業の新たな事業活動の促進に関する法律第17条第1項の認定を受けた者をいう）との連携を図ることも有効である。

　　　　　　　　　　　（後略）

内容を要約すると次のようになります。

・取引先企業の状況をきめ細かく把握する
・取引先企業の経営改善等に向けた取組みを最大限支援していく
・金融機関に蓄積された情報や外部専門家等を活用し、コンサルティング機能を発揮することで、取引先企業の事業拡大や経営改善等に向けた自助努力を最大限支援する
・適切な助言などにより取引先企業自身の課題認識を深め、主体的な取組みを促すと同時に、最適なソリューションを提案・実行する
・顧客企業のライフステージや事業の持続可能性の程度を適切かつ慎重に見極める

　コンサルティングにおいては、しっかりとした現状把握と外部環境分析に基づき、取引先企業の今後の方向性を明確に示すとともに、行動を促すことが必要です。つまり「空が曇ってきたら傘を持っていくべき、もしくは要らない」ということをその理由とともに相手に伝え、判断してもらい、行動に移してもらうということです。
　とはいっても、難しく考える必要はありません。当然ですが、取引先企業も、皆さんに工場の現場改善や人事評価システム構築などのコンサルティングを求めている訳ではありません。金融機関の行職員である皆さんに期待しているのは、金融庁による「監督指針」にあるように、取引先企業の実態把握や次のような対応・支援を行うことです。
　企業が金融機関に欲しているのは、単に弱みの指摘をしてもらうことではありません。取引先企業の現状を第三者的視点で捉え、どこが強みなのかを（再）発見してもらい、そして成長に向けたアドバイスや融資等の支援を受けることを希望しています。ですから、取引先企業へはこうした視点を持って対応しましょう。

【金融機関に求められるコンサルティング業務（例）】

- 取引先企業の課題を認識する
- 事業拡大や経営改善に向けた自助努力を最大限支援する
- 融資、助言の提供（経営改善、事業計画策定支援、事業承継、廃業支援等）
- 顧客紹介（ビジネスマッチング会への出展案内だけでなく取引先企業の売上等に直接貢献できる支援）
- 情報提供、商談会斡旋、資金運用支援、外部環境の情報提供、帝国データバンク活用等による信用照会支援等
- 他社の成功・失敗事例の提供
 当然、実例をそのまま提供する訳ではない（J-NET21、ミラサポ、中小企業庁等が公表する事例などを参考に提供する）。経営者は、同規模の会社の事例を知りたがっている
- 定量、定性分析を踏まえ、技術力の強みと弱みを押さえ、事業性を評価する。（損益黒字の継続性、キャッシュフロープラスの安定性）
 →その結果として、融資や助言につなげる。
 売上増強、収益改善のアドバイスを行う際には、「その技術力等を活かして、どうすれば売れるのか」ということを経営者と一緒に考える。必要であれば取引先を紹介する。

第3節　視点を変えるアドバイスをしよう

1 事業領域に関するアドバイス

多くの中小企業は単一事業しか営んでおらず、大企業のように複数の事業や部門を有していることは稀です。

こうした中小企業の経営は、どうしても外部環境や取引先の影響を強

く受けることから、業績が良いときはともかく、一度傾きかけると「損益悪化→資金繰り逼迫→リストラ実施→組織力低下→業績低迷」という悪いサイクルに入ってしまい、ここから中々抜け出せず、事業規模をどんどんシュリンク（縮小）せざるを得なくなってしまいます。

　ここまで業績が悪化しなくても、中小企業の経営者は、ただでさえ売上確保など日々の業務に追われており、資金力や人材などにも制限があります。そのため、事業領域（第2章参照）を積極的に見直したり、今後の戦略の見直しが後手に回ってしまい、従来からのビジネスモデルを転換できず（やや惰性で）継続している先が多いものです。皆さんの取引先にも該当する先があるのではないでしょうか。

　5年も10年も業績が改善しない企業の場合、人件費等のコスト削減はすでに限界にあり、また不稼働資産売却などの財務リストラもとっくに済んでいることが多いため、ビジネスモデル自体がすでに通用しなくなっている可能性が高いと考えられます。

　したがって、金融機関は取引先企業の実態ならびに外部環境や将来性を想定したうえで、経営者に対して自金融機関が保有する情報や他社の事例などを「経営改善を検討するきっかけ」として提供しましょう。これにより、経営者も事業の方向性について具体的に考えやすくなります。

　手順としては、次のような流れになります。

①今の事業領域を確認する。ビジネスのコア（核心）は何か
②類似業種や他社の成功事例、事業展開などを（話せる範囲で）紹介する。まずは、タテヨコに拡大可能か一緒に検討する
　（公的機関が公表している事例なども参考にする。J-NET21、ミラサポ、中小企業庁HPなど）
③事業領域見直し等による改善効果を一緒に検証する
④成長に向けた融資等の支援

2 アイデアの広げ方を伝える

　事業領域を広げるアドバイスといっても、そもそも本業を何年も営んでいる経営者に対し、そう簡単に言えるはずがないと思う人も多いでしょう。

　実際に、この取引を開始した方がよいとか、この事業に取り組むべきだと言い切ることは難しいものです。私たちコンサルタントでもよほど経験があって、かつ外部環境を押さえていなければ簡単にはできません。ここで皆さんに伝えたいのは、経営者の視点を広げるアドバイスをしようということです。

　経営者は長年同一業務を営んでいると、過去の成功体験もあり、また人的・資金的制限が大きいことに加え、新しいことに足を踏み出すことを躊躇する傾向にあります。そうした経営者に対し、長年蓄積された情報を持ち多くのやノウハウを見てきた金融機関は、有益なアドバイスが可能なはずです。

　当然、ゼロベースで提案するのではなく、事業の実態をしっかりと把握したうえで、現在の本業を軸に、タテ展開やヨコ展開など拡大の工夫、見直しをアドバイスしようということです。いきなり素晴らしい提案ができる人などいませんし、ましてや事業の素人に簡単にできる訳がありません。こうしたやりとりを通じて、経営者が取り組めそうなことや、少しやり方を調整することで実行できそうなこと、また別のアイデアなどを考え始めるよう、動き出すきっかけを提供することが目的です。

　こうして出てきたアイデアを具現化するなかで、設備投資を始めとする融資や顧客紹介、販路拡大などの取引先支援につながってきます。

　そこでいくつかの例を見てみましょう（**図表4－3**）。

　常にこうした観点を持ってヒアリングをすることで、単に経営者の話を理解するだけに留まらず、融資や経営改善につながりうる提案が可能になります。

第4章　企業の強みを伸ばす支援をする

　なお、ポイントは取引先企業の全体最適化に向けた提案を、その「ヒト・モノ・カネ」などの経営資源の状況を踏まえた妥当な提案を行うことです。経営者が現実的に対応可能と判断できるものであれば、受け入れられる機会も多くなるでしょう。

〈図表4－3〉アイデアの作り方

方法	例
拡大	・運送業者が物流企業として倉庫業へ参入 ・女性向け衣服販売業からライフスタイル提案型ショップへ拡大
縮小	・事業部門、取引先、製・商品を絞り込むことで採算を上げる
結合	・メーカーにおいて、営業と修理部門を合体し、メンテナンス営業部を立ち上げ、同業他社と差別化を図る。 ・菓子製造小売業で、特徴のある製品はある、ネット環境はある、職人による手作業で細やかな対応が可能。ただし売り方が下手な企業 　→3つを結びつけ、顧客のオーダーに応じた製品を作るネット特化型ビジネスを開始 ・優良企業の一部門を紹介し、事業を譲渡してもらい相乗効果を出す
入替	・衰退産業から成長産業へ事業を入替え 　富士フイルム：写真フィルム→ヘルスケア等への転換
応用	・自動車関連の樹脂部品に特化した企業 　→家電等の企業の部品製造を開始（金融機関が取引先を紹介）
逆転	・建設会社が老人保健施設を建てる 　→逆の発想で、老人保健施設へ参入するとともに、これに特化した建設事業を始める ・菓子卸会社が、マーケティング機能を強化し、メーカーに対してコンサルティングを行う
その他	・タテ展開（深掘り） ・ヨコ展開（拡大。隣の事業へ） ・代用　など

3 ドメイン見直し時の留意点

　なお、ここでは業績の良い企業に対して無理にドメインや業務方法などを変えることをアドバイスしようということではありません。金融機関が多く見てきた他社事例や、客観的なアドバイスを企業に提供することにより、何らかの変化・転換を促し、その支援（融資など）につなげようということです。

　ドメインを拡張することにより、融資のネタを発見するチャンスは広がりますが、一方で企業側は事業拡大によるリスクを抱えることになります。あまり手広く行うと、既存事業と関連性の低い多角化になりますし、展開が失敗すれば投資や雇用が経営の足かせとなることもあります。

　ですから、皆さんが経営者にドメインの見直しを勧める際には、しっかりと事業実態を把握したうえで、キャッシュフローの状況や損益の見通しなども踏まえた提言であることが重要です。特に、財務内容や資金繰りなど企業体力に問題ないことを確認したうえで、経営者に現状をしっかり認識してもらい、業績向上や改善につながるために視点を広げる「気づき」を提供しましょう。

　なお、経営者には負担が伴いますが、金融機関の支援に期待するところもあります。取引先を紹介したり、販路拡大支援を行うことも忘れずに行いましょう。少し手間はかかりますが、ここに融資の大きなネタがあるのです。

第4節　取引先の強みをつかもう

1　取引先の強みを見てみる

　企業が取引先や消費者から選択されるためには、様々な要素があります。自分たちが欲しいモノやサービスを取り扱っているのは当然として、例えば他と比べ品質が高い、妥当な価格である、付随するサービスがよい、素早い対応をしてくれる、取引する（持っている）ことがブランドになる、など多くの理由があります。これらが組み合わさってその企業や企業の製・商品やサービスが選ばれる訳で、これが多いほど売上や利益を確保できたり、他社に対して優位性を保てることになります。

　そして、この組み合わさった要素を企業の強みと言います。ですから、皆さんが知るべきことは、取引先企業の強みが何なのかということであり、どのようにして築かれたのか（経緯）、どの程度強いのか（他社比較、受注の状況・見通し）、どの程度続くのか（時間軸）、という視点で、取引先企業の販売力、技術力、組織力、管理力、経営者の能力、資質などを押さえていきます。これが「事業性評価」の根幹に当たると筆者は考えています。最終的に、取引先企業の今後の損益黒字の継続性とキャッシュフローの安定性とを見定め、融資や助言につなげることになります。

　この強みというのは、前述の通り個別の背景や経緯を見ることでつかみやすくなります。

　例えば、ある会社の強みが優良取引先を有していることとします（**図表4－4**）。これは表面的な捉え方であって、なぜ優良取引先と継続的に取引できているのかという点を押さえる必要があります。そこには技術力、営業力などに加え、価格面、品質面、知的資産、競合との優位点などが組み合わさっており、優良取引先との取引に至っている訳です。

　それ以外にも企業自体に蓄積された、業務ノウハウ、取引先との関係

〈図表4-4〉強みの背景

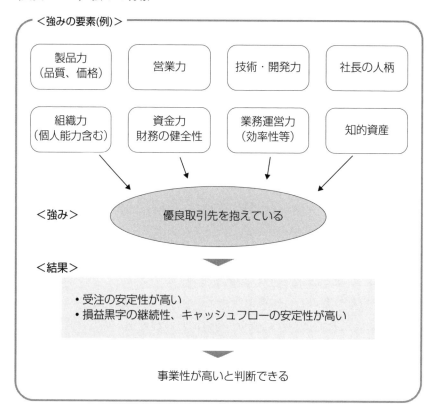

性など、企業を多面的にかつ細分化することで、より多くの「強み」が見えてきます。

 なお、筆者はコンサル先の営業担当者に対し、取引先に「なぜ自社を選んでくれたのか（もしくは、なぜ取引を断ったのか）」という質問をしてもらうようにお願いしています。なぜなら、よい要素は伸ばす必要がありますし、逆に失注や取引解消の理由を聞くことにより、改善すべきポイントが明らかになってくるからです。

 この改善策をアドバイスすることが経営改善支援においては重要であり、対応の一環として新たに融資の需要が発生することもあります。

2 販売力、技術力を評価する

　筆者（共著）が前著「事業性評価に基づく　取引先の見方・支援の進め方」を出版したところ、多くの金融機関から「我々金融機関は取引先企業の販売力や技術力をどのように評価・判断すればよいのか？」という質問を受けました。

　現実に事業に携わったことがない皆さんが、何十年もこれを生業としている経営者に対し、販売手法や製造工法など事業そのものに対してアドバイスをしたり、評価を下せるものではありません。

　ですから、金融機関としては、受注状況や取引先との関係、これまでの実績を踏まえた妥当な事業計画書、取引先企業の今後の見通し（キャッシュフローの安定性や損益黒字の継続性など）、中小企業診断士など第三者などによる客観的な評価に基づき判断することになります。

【技術力や販売力の強みをどのように確認するか】

- 過去の売上／利益の実績、足元の受注状況、取引先の変遷などから判断する。
  中小企業が大企業（やその下請企業）へ販売できていれば受け入れられている証明といえる。
- これまでの実績、見通しを織り込んだ事業計画から判断する。
  キャッシュフロー、損益の安定性を重視する。
  すでに購入予約や申込み、契約等が多数ある場合は、事業計画が成功する可能性は高いと判断できる。
- 中小企業診断士など外部の見解（本部サポート部門にいます）。
- 数値面からは、日本政策金融公庫等が公表する経営指標との優劣で判断できる。

以下は、「金融検査マニュアル（中小企業編）平成28年9月30日時点」の該当箇所です。

　記載されている内容は、同業他社との比較や、過去の実績と今後の見通し、妥当な事業計画、中小企業診断士など第三者による評価等、金融機関が十分に対応できる内容になっています。

【金融検査マニュアル（中小企業編）（一部抜粋）】

（前略）
2．企業の技術力、販売力、経営者の資質やこれらを踏まえた成長性

　企業の技術力、販売力、経営者の資質やこれらを踏まえた成長性については、企業の成長発展性を勘案する上で重要な要素であり、中小・零細企業等にも、技術力等に十分な潜在能力、競争力を有している先が多いと考えられ、検査においてもこうした点について着目する必要がある。

　企業の技術力等を客観的に評価し、それを企業の将来の収益予測に反映させることは必ずしも容易ではないが、検査においては、当該企業の技術力等について、以下の点を含め、あらゆる判断材料の把握に努め、それらを総合勘案して債務者区分の判断を行うことが必要である。

（1）企業の技術力、販売力等
（イ）企業や従業員が有する特許権、実用新案権、商標権、著作権等の知的財産権を背景とした新規受注契約の状況や見込み
（ロ）新商品・サービスの開発や販売状況を踏まえた今後の事業計画書等
（ハ）取扱商品・サービスの業界内での評判等を示すマスコミ記事

等
- (ニ) 取扱商品・サービスの今後の市場規模や業界内シェアの拡大動向等
- (ホ) 取扱商品・サービスの販売先や仕入れ先の状況や評価、同業者との比較に基づく販売条件や仕入条件の優位性

（２）経営者の資質

　過去の約定返済履歴等の取引実績、経営者の経営改善に対する取組み姿勢、財務諸表など計算書類の質の向上への取組み状況、ISO等の資格取得状況、人材育成への取組み姿勢、後継者の存在等
以上の企業の技術力、販売力、経営者の資質やこれらを踏まえた成長性を評価するに当たっては、金融機関の企業訪問、経営指導等の実施状況や企業・事業再生実績等を検証し、それらが良好であると認められる場合には、原則として、金融機関が企業訪問や経営指導等を通じて収集した情報に基づく当該金融機関の評価を尊重する。
また、
- (ア) 法律等に基づき技術力や販売力を勘案して承認された計画等（例えば、中小企業の新たな事業活動の促進に関する法律の「経営革新計画」「異分野連携新事業分野開拓計画」等）
- (イ) 企業の技術力、販売力、経営者の資質等に関する中小企業診断士等の評価

などを勘案するものとする。

（後略）

【販売力、技術力判断のチェックリスト】

区分（切り口）	チェック項目
製・商品・サービス面	・品質の高さ ・価格の妥当性（採算性が高い） ・競合他社との競争力の高さ（革新性など） ・品揃えが豊富、欠品が少ない ・マーケットの動向（拡大傾向） ・特許等、知的財産権の有無 ・公的機関、中小企業診断士等の判断、評価 ・大手企業等との安定した取引実績、継続性、見通し
販売面	・取引先との強固な関係性、取引の継続性 　（先代からのつながりなど） ・対応の迅速さ ・営業社員のスキル 　（フットワーク、トラブル対応力、価格交渉力など）
仕入面	・仕入交渉力 ・仕入価格の低さ（原価率）
開発面	・製品化の状況と販売実績 ・知的資産の有無（特許や実用新案権等）と活用状況
製造面（製造業）	・（他社比）製造コストの低さ ・故障、トラブル等の少なさ

【ポイント】

・製・商品・サービスの事業性判断は一見難しく思えますが、金融機関として数値に基づいた取引実績、見通しなどに基づいて行えばよい。
・損益黒字の継続性、キャッシュフローの安定性につながるかがポイント。

第5節　強みと弱みを分析しよう

1 SWOT分析とは

　ここまで、企業の「強み」を中心に見てきました。「弱み」は日常の財務分析などを通じて見ているでしょうし、会社側も的確に捉えていることが多いものです。

　この取引先企業の強みと弱みは、把握して(企業ファイルに記載して)それで終わりというものではありません。企業が今後の戦略を立てるために第三者として客観的なアドバイスを行い、より強固なものとなるようにサポートする必要があります。

　その整理の方法ですが、対象先企業の経営体制、製・商品・サービス、業務運営状況、組織など、それぞれの特徴について、内部環境「強みStrengths」「弱みWeaknesses」と、外部環境「機会Opportunities」「脅威Threats」という4つの視点で切り分けて整理する「SWOT分析」という手法を使い、外部環境（の変化）に対し「強み」をいかにして伸ばし、「弱み」をどう克服するのかという点を中心に戦略を検討します。

　取引先企業内部でも、また金融機関としても共通認識を持つために整理するためにこうした分析方法が有効ですし、企業にとっても金融機関と言う第三者からアドバイスを受けると自覚することができます。

　この記載内容は、営業面や技術面、製・商品、組織など細分化して考えることで、経営者にとっても分かりやすくなります。

2 クロスSWOTとは

　クロスSWOTとは、前記のSWOT分析から一段階踏み込んだ分析方法で、戦略を立案する際に用いると便利です。対象先企業の「強み」と

「機会」を組み合わせ「積極的な戦略」を検討したり、「弱み」と「脅威」を組み合わせ「防御する戦略」を考えるなど、より効果的な戦略策定につなげます。

皆さんはこうした整理を含め、経営者と一緒に考えることで、企業の実態把握と方向性の検討が行いやすくなります。

ここではフランス料理店を取り上げて分析しましたので参考にしてください（**図表4－5**）。

〈図表4－5〉クロスSWOT（例：フランス料理店）

	強み（S）	弱み（W）
	・シェフがフランス修行で培った腕前 ・地元農家からの安定した仕入 ・ワインの豊富な知識とソムリエコンテストでの入賞実績	・地域での知名度、ブランド力が低い ・社内管理力が弱い ・資金力が脆弱
機会（O）	強み×機会 （積極拡大戦略）	弱み×機会 （弱点克服戦略）
・グルメブーム、健康志向の定着 ・高価格でも高品質の製品を求める層は拡大 ・消費者の嗜好多様化 ・広告宣伝方法の多様化	・富裕層をターゲットに特徴のある料理を提供 ・地元産原材料を前面に出した広告宣伝 ・ワインセミナー、イベント開催による固定客の獲得	・飲食業の管理部門に強い人材を採用 ・メイン金融機関による低金利制度融資の紹介 ・広告宣伝による認知度向上 　（雑誌等メディア等を活用した露出）
脅威（T）	強み×脅威 （差別化戦略）	弱み×脅威 （防御・撤退戦略）
・新規参入業者は増加 ・原材料価格の上昇 ・人材確保が困難、人件費上昇 ・SNSや口コミサイトの影響	・インバウンド顧客の取り込み、きめ細かいおもてなし対応（外国語メニューの設置など） ・SNS拡充による効率的な広告宣伝	・仕入先の拡充によるコストダウン ・募集賃金見直しによる人材確保 ・口コミサイトの定期的な確認とフォロー

第4章　企業の強みを伸ばす支援をする

第6節　課題を整理し改善の優先順位をつけよう

1 取引先の課題を整理する

　業績の良い会社であっても、今後の成長に向けてとるべき対策や悩みごとを抱えていますし、良くない先は当然大きな課題を抱えています。
　この課題を解決するのはあくまでも取引先企業であり、金融機関ではありません。金融機関はその支援者として、人的・資金的な資源が限られる中小企業に対し、「やるべき項目の抽出」と、改善効果と時間軸（短期・中長期）を押さえたうえで「効果の大きい項目から優先順位をつけて取り組む」ことをアドバイスするなど、側面からサポートすることが期待されます。
　例えば、利益を上げる方法一つとっても、様々な手法・対策がありま

〈図表4-6〉課題を整理する

課題の分類	課題の内容(例)	解決策(例)
①自社で解決が可能	・社内コミュニケーションミス（業務遅延、モレ、ミス発生） ・多品種少量生産でコスト上昇	・指示伝達方法見直しの提案 ・業務フロー上の課題を経営者と検証 ・製品絞り込みによる生産性向上
②取引先等外部の協力・交渉が必要	・売上低迷 ・採算悪化 ・仕入価格上昇	・部門、製・商品ごとに悪化要因を特定 ➡数値化支援と交渉をアドバイス ・事業計画策定支援 ・取引先紹介
③外部環境など自社での対応が難しいこと	・為替、相場の悪化 ・主要取引先の業績悪化など	・為替等デリバティブ提案 ・与信判断のアドバイス ・売掛債権保証業者の紹介　など

・金融機関に求められるのは、課題の整理と他社の動向や成功事例などの具体的な解決策のアドバイス
・単に課題や問題点を指摘をするだけでは信頼されない

す。自社単独の努力でできること、取引先など外部の協力なしにはできないこと、外部環境が変わらないと難しいこと、などに分けられます（**図表 4 − 6**）。

　なお、こうした悩み＝課題を的確にキャッチし、上手にソリューション（解決策）を提案できる金融機関の行職員が、昨今のような資金ニーズの限られた環境でも成果を上げています。

2 課題に対する改善策を整理する

　例えば、収益が落ちてきた取引先企業から改善策の相談を受けた場合、どのような回答ができるでしょうか。当然ですが、部門別などに細分化して現状を把握したうえでなければ答えようがありません。おそらく答えは単純ではなく、色々な要因が組み合わさっています。

　こうしたケースでは、まずは問題がどこにあるのかを特定することが必要です。売上が落ちていることが原因なのか、コストが上昇しているからなのかという大きく2つに分け、そこから**図表 4 − 7**のように細分化することで問題点が見えやすくなります。その特定できた課題に対し、金融機関として具体的な対策を一緒になって考え、必要であれば資金や助言という形で支援していきます。

　これら以外にも、機能に問題はないか（陳腐化していないか）、消費者ニーズに合致しているのかなどを把握することで、より的確なアドバイスになってきます。ところが、売上高や利益という決算書に出ている単一の数字だけを見ていては、具体的なアドバイスには至りません。

　したがって、これらの要因を経営者や担当者に確認し、改善の可能性と対策を探り、その施策を経営改善計画に織り込んでいくことになります。単に「営業力を強化しましょう」とアドバイスするだけでは経営者は動きません（動けません）。時間と資金と人が限られる中小企業に対しては、金融機関の経験などを踏まえて優先順位をつけてあげることも

第4章　企業の強みを伸ばす支援をする

〈図表4-7〉課題に対する改善策を整理する

顧客に求められることの一つです。

　ここでのポイントは次の3つです。

①事業（企業の実態）を正確に理解し、課題を明確化することで、具

体的な改善策の立案サポートにつなげる。

⇒製・商品の販売・採算状況、業務フロー、社内管理等を見ることで、どこでどの程度改善できるか見積もっていく。可能な限り、時間軸を定め、数値化したアドバイスを行う。

②リストラなどでシュリンク（縮小）させるだけではなく、企業の将来に向けた施策の準備、努力を促すことが必要。

⇒大半の企業はすでに財務リストラ（資産処分など）、コスト削減は実施済。単なるリストラだけのアドバイスでは企業のニーズは満たせない。

トップライン（売上）をいかに伸ばすかのアドバイスが必要。

【例】ビジネスマッチング、販路拡大支援等

③金融機関の担当者（第三者）が、他社事例などを引き合いに、具体的に問題点を指摘し、改善の方向性を指し示す。

⇒なぜ、いくら、いつまでに改善しなければならないかということを、経営者と共通認識を持ち、金融機関がサポート（モニタリングチェック）していく姿勢を見せる。

経営者は他社の動向などを知ることで改善の必要性に気づき、動き出すことが多い。

第7節　売上を伸ばすアドバイスをしよう

1 売上を伸ばすための支援とは

　企業の目的の一つは利益を上げることですが、その前提は売上高を今よりも少しでも伸ばすことにあります。そして、経営者は多くの取引先情報やネットワークを有する金融機関に支援をしてもらいたいと考えています。

第4章　企業の強みを伸ばす支援をする

　それでは、その売上高を伸ばすために金融機関として何ができるでしょうか。皆さんができるのは、販路紹介（金融機関内取引先の紹介）、ビジネスマッチングフェアへの参加案内などがあげられます。また、企業の成長支援という意味ではM＆Aや事業承継なども考えられます。

　これら直接的な支援だけでなく、経営者に対するアドバイスもあります。これは経営者、金融機関の行職員双方にとって大変成果の大きい、意義のある支援内容だと筆者は考えています。

2 売上を伸ばすアドバイス

　例えば、売上高を分解してみましょう。これには色々な分け方がありますが、「量・価格・（頻度）」というのが一般的です。または「既存・新規」というのもあります。こうして細分化することにより、全体が落ちているのか一部なのか、何が良くてどこが弱いのか、減収要因は量なのか価格なのかなどの現状把握を行うことで、どのような対策をとればよいかというアドバイスを行いやすくなります。

　しっかりした企業であれば、この程度のことは自社で分析していますが、多くの中小企業では時間・人の問題もあり、管理面がおざなりになっていることが多いです。ですから、数値で企業の実態を把握できる皆さんによるアドバイス効果が大きいのです。

　実際にどのようなアドバイスを行うとよいかは、この後の事例で業種別に解説していきます。次に一般的な内容として示します。基本的に、売上を増やすには各ターゲットに対し、多人化（客数を増やす）、多数化（点数を増やす）、多額化（単価を増やす）という設定で進めることが効果的です。

　したがって、皆さんは、まず取引先企業の売上高を分解することをサポートし、次に考えられる施策について成功事例などをもって経営者と一緒に考えるとよいでしょう。

【一般的なアドバイスの内容】

対　象	アドバイス内容
既存先対策	・新たな製・商品開発、利用方法などの提供によるニーズ掘り起こし ・関連商品提案による、まとめ（追加）買いの提案 　（スーパーでよく見る食品欄での調味料販売等） ・SNSでの呼びかけ、フォローアップ
新規先獲得	・SNSでの広告宣伝、知名度向上 ・休眠顧客の掘り起こし
購買頻度 向上	・営業時間、店舗数増加による顧客との接点増加 ・営業、接客レベルの向上 　（公的機関が開催する研修への参加案内など） ・ポイントサービス、優待キャンペーンなど
単価引上げ	・価格設定の根拠を聞く。何年も変えていないところも多い。慎重に進める必要性あり ・付加価値の高い製・商品の開発 ・自社ブランド力の向上
その他	・強みを組み合わせるなど経営者の視点を広げるアドバイス（他の領域、取り込めていない層に目を向けてもらう） ・納期や代金回収といった販売条件を相手に有利にすることで売上獲得につながる（自社の資金繰りに問題ない企業の場合）

第8節　事業計画書の策定支援をしよう

1 事業計画書作成の必要性

　企業が事業を継続するうえで、外部環境の変化や取引先の変動は必ず発生します。また、新しい事業や新規先との取引を開始すると、損益見通しや財務内容、資金計画など色々な変化が生じます。こうした変化を

〈図表4－8〉実態把握の重要性

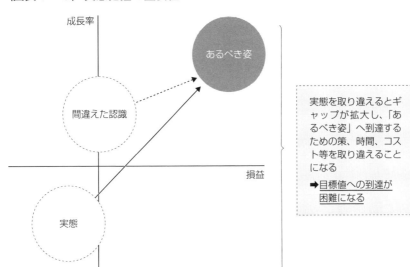

踏まえ、あるべき姿に向けて、どうやって企業を成長させるのか、ということを文書化したものを「事業計画書」と言います。

金融機関としては、この「事業計画書」の内容から将来のキャッシュフローや損益がどうなるのかを判断します。また、この数値計画に基づいて長期資金などの融資を行います。

この事業計画書を策定する目的を企業側から見ると2つあります。

①社内向け：経営の道しるべとして活用する
　　　　　　目標数値を設定し、継続的に管理する（業績管理を容易化）
　　　　　　新たな方向性を提示する
　　　　　　これから各自が何をやるか知らせる
②外部向け：金融機関向けの説明資料
　　　　　　会社の方向性を理解してもらう

格付向上/資金調達の説明を行う
融資円滑化に向けた定例コミュニケーション

　金融機関は、計画の進捗状況をモニタリング（定期的な確認）します。その過程で支援内容の成否や改善状況などを確認し、追加資金の支援やさらなる成長に向けた助言等を行います。うまく進捗していればよいのですが、計画を下回っている場合はさらなる改善のアドバイスや、場合によっては計画の見直しなども行います。

2 事業計画書に記載する内容

　以下は、事業計画書に記載する主な項目です。

【事業計画書の構成】

書類名	項目、摘要
企業概況	・株主、経営陣、沿革、主な課題等を整理し一覧にまとめると分かりやすい【図表2－3】
ビジネスモデル俯瞰図	・取引先企業の商流、事業の流れを整理した表 ・これに基づき、新規事業展開や取引先との関係性を把握する【図表2－4】
外部環境分析資料	・ビジネスの市場規模、位置づけ、顧客ニーズ、見通しなどを整理する ・経営者へのヒアリングと、公表統計資料等でかなりのことが分かる
内部環境分析資料	・取引先別推移（売上／利益、実績と計画） ・製・商品別推移（同） ・部門別、部署別、担当者別推移（同） ・取引先企業のビジネス優位性、収益力、将来性、課題などの説明

アクションプラン	・行動計画 ・いつまでに、誰が、何を、どのようにやるか。それによりどれだけの効果があるかを整理する。⇒計画の根幹
数値計画	・財務3表（予想損益計算書、貸借対照表、キャッシュフロー計算書） ・キャッシュフローの安定性、損益黒字の継続性を示す【最重要項目】 ・業績が厳しい企業では、債務者区分判定の基準値は押さえる（債務超過解消時期、債務償還年数等）
投資・資金計画	・資金繰り表（月次計画） ・設備投資計画
その他付属資料	・資産一覧、借入明細、返済計画など

詳しくは、筆者の前著「事業性評価に基づく 取引先の見方・支援の進め方」を参考にしてください。

3 企業側の目標との目線合わせ

　事業計画を作る場合、企業側と金融機関とでは大きく考え方が異なります。まず、企業は何をどのくらい売って、いくらくらい利益を出したいという、とかく希望の入った右肩上がりの成長戦略を描く傾向にあります。これは社内向けに目標を示すという趣旨もあり、ある意味当然の結果です。

　一方、金融機関は保守的な数値計画を求めます。なぜならこの計画に基づいて企業の将来性を判断したり融資を行ったりするため、見通しの甘い計画だと返済計画などがずれてしまうので、極力不確定な要素を除いた確実に達成できる数値計画を求めます。これも当然の理由です。

　理想は、双方が一致するのが望ましいのですが、筆者が計画策定に関与するケースでは、社内向け（目標値）と金融機関用（現実的）の2通りを作成しています。なぜなら、社内に金融機関向けの保守的な計画を

示すと社員はこの程度でいいのかと判断し、かえって計画達成率が低くなることがありますし、逆に金融機関に社内向けの努力目標値を示しても、その根拠等についての説明は難しいからです。そのため、金融機関としても2通りの計画（一つは社内向けの目標値）作成をアドバイスするとよいでしょう。

　なお、次の3つの項目は取引先企業、金融機関双方にとって重要なポイントです。これらの状況によって債務者区分(格付)も変化するので、取引先企業に伝えることは必須です。筆者のクライアントで、こうした最低限クリアすべき数値について金融機関から説明を受けているケースは稀ですので、これを伝えるだけでも他金融機関と差別化はできますし、顧客の納得性も高まります。

【数値計画で押さえるべき項目】

項　目	算出方法、備考
①損益黒字	これは企業存続のうえで当然
②債務超過解消時期	債務超過だと融資は難しいことを企業へ伝える。経営者はそもそもの意味が分からないことが多い 今の利益状況（もしくは事業計画の利益）では解消に何年程度要するか。解消すれば融資取引が正常化される（されやすくなる）ことも伝える
③債務償還年数	（有利子負債－現預金－正常運転資金） ÷（当期利益＋減価償却）＝10〜15年であれば正常範囲 これを短縮する方法は2つしかない 　・有利子負債を減らす（財務リストラ等） 　・収益を上げる

4 アクションプランの策定

　事業計画書を作成するうえで、最も重要なのはアクションプランの策定です。このアクションプランには、誰が、いつまでに、何を、どのよ

第4章　企業の強みを伸ばす支援をする

〈図表4－9〉アクションプラン

	テーマ		目標値（金額）	期　限	責任者	具体的な行動
売上増強	記載例	単価引上げ	適正価格への引上げ交渉を行う	通期で5百万円	H○／○月（6ヵ月目）	営業部長	H○年○月　P社向けX製品の取引採算実績を算出 H○年○月　単価引上げ交渉開始 使用ツール：□□、△△ H○年○月まで引上げ交渉完了
	新商品の拡販		○○○○○	○○○○	H○／○月	社長 営業部長	○○○○○○
粗利改善	材料価格の低減		相見積り実施	材料費率 ○％→○％	H○／○月～	資材部長	○○○○○○
	外注の抑制		外注発注ルール見直し	外注発注額 ○千円→○千円	H○／○月～	工場長	○○○○○○
コスト削減	人件費削減		総額○千円 →○千円 （○千円削減）	社長 ○千円→○千円 従業員 ○千円→○千円	H○／○月～	社長 経理部長	○○○○○○
	物流コスト削減		○○○○	○○○○	H○／○月～	資材部長	○○○○○○
	旅費交通費削減		○○○○	○○○○	H○／○月～	経理部長	○○○○○○
社内管理	採算管理体制の構築		的確な原価管理の実施と見積価格への反映	○○○○	H○／○月	工場長 経理部長	○○○○○○
資産売却	不動産売却		遊休不動産○を売却	売却予定額　○M 簿価　　　　○M 借入返済　　○M （予定）	H○／○月	社長	○○○○○○

うにする、目標の効果はいくら、という項目が織り込まれていることが必要です。そしてこれらの時期、効果、投資額等を数値計画に計上します（**図表4－9**）。

　皆さんの取引先企業が、この改善項目を一気に実行できればいいのですが、現実的にヒト・カネなどの資源に限りがあり難しいのが実情でしょう。したがって、既述の通り、経験豊富な金融機関が優先順位や効果

などについて、実行の可能性を含めアドバイスしてあげることが効果的です。

第9節　そして融資につなげよう

　ここまで、企業の実態を把握する方法を中心に解説してきました。

　冒頭でも触れましたが「事業性評価」とは、取引先企業の実態把握を通じてその安定性や将来性について見通しを立てることであり、金融機関は、融資や助言を通じて取引先企業を支援していくということです。財務的な視点で捉えると、取引先企業が安定的なキャッシュフローと継続的に利益を生む体質になっているか（もしくは、なりそうか）ということを判断し、融資や助言を行うということです。

　昨今のような、景気が不透明な環境下で中小企業の資金ニーズは高まってきません。こうした状況で取引先の資金ニーズを喚起するためには、「売上拡大」や「業績・資金繰り改善」を切り口としたアプローチが求められます。

　単なる融資のお願い営業ではなく、付加価値の高い提案やアドバイスをすることで、経営者も皆さんの話に興味を持ち、受け入れられる可能性も高くなります。また、他金融機関との差別化を図るためにも、従来とは違った切り口で経営者と接することも必要です。

　そのためには、取引先企業の強みを活かす支援や視点を変える（広げる）などの切り口があります。ここで経営者のニーズ、考えに一致した場合に、ようやく資金ニーズが発掘できることになります。待っていても資金ニーズは発生しません、色々な切り口をもって経営者に事業面を中心に声をかけていくことで、掘り起こしていきましょう（**図表4－10**）。

第4章 企業の強みを伸ばす支援をする

〈図表4－10〉融資を伸ばすには

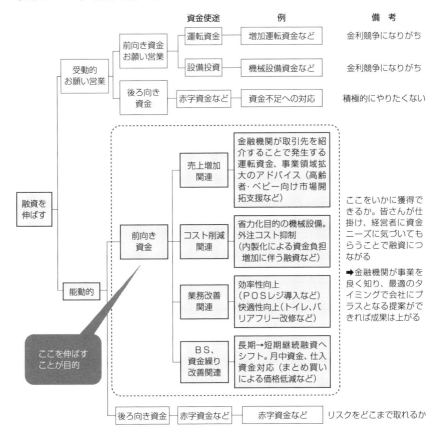

【融資につなげる流れ】

①しっかりとした事前準備を踏まえ、経営者と話す
・経営者の夢と悩み、課題を聞く
→資金ニーズに関わりうる【ネタ】を引き出す
②自金融機関に蓄積された情報、他社事例、公的機関が出す中小企業の成功事例等を提供する

・売上を伸ばす、コスト削減する等の切り口で、経営者に【気づき】を与える

③融資につなげる
・企業は借りてからが始まり。よって、成長や課題解決につながる提案を行う
・単なるお願いセールスでは金利競争になる

【融資を伸ばすネタ（一例）】

種　類	ネタ（例）
売上増加関連	・工場や店舗訪問時に新商品が売れている情報を入手 　→工場新設、営業拠点、人員増に伴う資金 ・流通業者に対し、売上確保のために宅配やテイクアウトサービスの導入を提案 　→人の確保、改装費、宅配用車両等に関する資金を融資 ・飲食店がリニューアルを考えている情報を入手 　→店舗改装資金に加え、テイクアウト需要を取り込むよう、メニュー棚の設置を提案
コスト削減関連	・複数ある工場についてムダが多いという話を入手 　→合理化の観点から工場建て替え資金を融資 ・工場の作業者が不足しているという話を入手 　→機械化に伴う資金を融資 ・設備老朽化により受注減や生産コストが上昇しているという話を入手 　→設備更新資金を対応。修繕費減少により収益改善につなげる ・円安の影響が大きいという話を入手 　→仕入先を国内企業に変えるべく、ビジネスマッチングを実施。これに伴う運転資金を融資
業務改善関連 その他	・在庫管理が手間との話を入手 　→在庫管理、POSシステムの導入資金を融資。これにより正確性向上と効率化を提案した

	・従業員の増加に伴いオフィスが手狭になったとの話を入手 　→オフィス移転に係る資金を融資（移転費用、保証金等） ・従業員が集まらないという話を入手① 　→事務所、休憩室のエアコン、トイレ等を改装し快適性を向上させることを提案。その資金を融資 ・従業員が集まらないという話を入手② 　→代表者の知人に委託し社内託児施設を設けた。これによりパートを確保。近隣住民からも受入れ。その設立経費と建築資金を融資
BS、 資金繰り改善関連	・売上の季節変動が大きく、資金繰りが繁忙だという話を入手 　→長期資金を融資し資金繰りを安定させる ・仕入価格を引き下げたいとの話を入手 　→現金一括支払いによる有利な条件を引き出すために運転資金を融資 ・固定化した役員借入金を金融機関融資で肩代わり

【融資を伸ばしている行職員の特徴】

- 最新の業界ネタ、地元経済の動き、同業者の事例など、経営者が興味を持つ情報の提供やアドバイスを継続的に行う
- 面談前にしっかりとした事前準備を行っている（面談開始時に本日確認したいことや伝えたいことを述べる）
- ヒアリングでは事業面のことを中心に、取引先企業のことだけでなく販売先や仕入先、外注先との関係や外部環境の動向など、どんどん広げていく
- 経営者から業務面や組織上の課題とその原因を聞き出す。もしくは、ヒアリングの中から読み取り経営者に確認する
- 次回以降の面談では抽出された課題を整理しており、これに対する改善策（案）を提示することで、経営者に何らかの気づきを与える

・売上を伸ばすためのネタの提供や自金融機関の取引先を紹介するなど、顧客の販路拡大をサポートする
・これら行動は担当者一人ではなく、支店の上司や本部を巻き込んで、組織的にかつスピーディーに実施する

第5章

事業性評価に基づき融資を実行する

本章では、「事業性評価に基づく融資の進め方」について、5つの事例を紹介します。

事例は単純な融資セールスではなく、企業の実態を把握する過程や経営者からのヒアリングのなかで課題や疑問を持ち、そこから経営者へ解決策などのアドバイスを行ったことで融資に結びついたケースです。

実際に筆者が金融機関に依頼したものや、金融機関から提案があったものを織り交ぜて紹介します。なお、対象先企業は、若手行職員の皆さんが実際に担当している規模の中小企業とし、業績は正常先中・下位〜軽度の要注意先をイメージしています。

業種別にポイントとなる特性や課題などもまとめてありますので、皆さんの取引先企業にもあてはめて活用してください。

事例1 ● 運送業のケース

■企業概況

会社名	A運送㈱
設立	昭和50年
従業員数	30人
年商	300百万円
利益	15百万円
事業内容	自動車部品等の運送

同社は、東海地方に本社を置く、保有トラック数20台の地場中堅運送会社。主に自動車部品大手メーカー系列の運送会社の下請け企業として、同部品の工場間輸送を中心に行っています。現社長は先代の夭逝に伴い、若くして代表に就任しましたが、社員とも良好な関係を築いています。ただ、ここ数年は従業員の離・退職が目立つようになってきました。

業績は、リーマンショック、東日本大震災、また消費増税等の影響による落ち込みはあったものの、ここ2年間は緩やかな景気回復、物流量

の増加により売上高は安定し、原油安も加わり黒字を確保しています。

　同社の特徴として、ドライバーの教育や身だしなみを徹底していることがあげられます。加えて資格取得を奨励しており、全ドライバーがフォークリフトの操縦も可能です。また、厳格な安全指導もあり事故発生率が低いことが、発注者から評価されています。したがって、小規模ながら大手メーカー系列運送会社の協力会への加盟が認められるなど、受注は安定しています。

　このような状況のなか、同社との取引拡大を目指し企業の実態把握を行いました。

■外部環境（業種市場性）

　トラック運送事業者は、平成初期の規制緩和により新規参入業者が急増し、業者数はこの20数年間で1.5倍に増加しました。ただし、ここ数年は撤退業者も増加しており、業者数は横ばいで推移しています。

　事業規模に関しては、車両数20台以下の事業者が全体の約8割を占めており、また資本金10百万円未満の小規模企業が6割強もあるなど、個人経営も多く小規模な経営基盤の先が多くあります。

　3～4年前までは、物流量は減少トレンドにあり、事業者間の価格競争が激化していましたが、ここ1～2年は前述の通り、物流量が増加に転じたことに加え、トラック、ドライバー不足も重なり運送単価は一部改善が図られつつあります。しかしながら、依然、全体として妥当な単価水準まで回復しているとは言い難い状況です。

　この業界は規制・管理が厳格化される方向にあり、これがコスト増加要因となっています。背景には度重なる高速道路でのトラックや長距離バス事故の影響があり、規制強化、設備投資（ドライブレコーダー、自動ブレーキ、排ガス規制対応など）などが強化されています。また、1日の労働時間規制も厳格化されており、長距離もしくは拘束時間の長い路線では2交代制とせざるを得ず、人件費上昇の要因となっています。

原油価格の低下により、足元の収益は回復しつつある企業が多いものの、路線単価の引上げは容易ではなく、コストの増加により収益の改善には依然厳しい環境にあります。

■事業内容
　次に、同社に対して行ったヒアリングの主な内容を示します。

（1）俯瞰図

　同社への直接の発注者は、Ｓ運輸㈱やＴエクスプレス㈱です。彼らはＳ車体㈱やＴ自動車という大手企業から受注しています。したがって、同社はその下請としてＳ車体㈱など大手メーカーの工場間輸送を中心に行っています。
　営業所は元々本社のみでしたが、Ｓ運輸㈱の要望でその本社近隣に設

〈図表５－１〉俯瞰図（運送業）

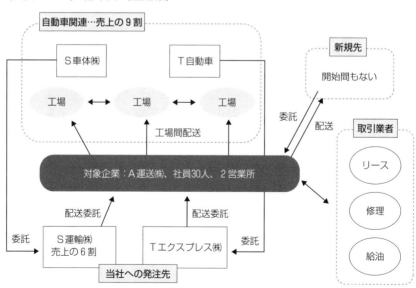

置し、現在は2拠点体制となっています。同社の売上はS運輸㈱からの受注が全体6割強を占めています。これは、その協力会に属していることが大きく、受注は比較的安定しています。

修理工場、燃料給油等は特定先と契約しています。また車体はリース購入が中心です。ここ数年は、同社の運送実績や取引先からの評判を聞いた非自動車関連の新規先から取引の打診があるなど、徐々に取引を開始しています。

【ポイント】俯瞰図から何を読み取るか

> ・自動車関連の運送業では、どういう指標を見れば今後の業績を予想できるか？
> ・自動車部品輸送に偏っているが、このままで良いのだろうか？　採算が厳しいのであれば、他の業界等への拡大は考えられないか？
> ・営業所別、トラック別の採算は分かるか？
> ・さらに事業規模を広げるためにはどういう手が考えられるか？　関連する事業にはどういうものがあるか？　他の運送会社はどのような取組みを行っているか？
> ・リース会社、給油所との価格は交渉できているか？

（2）事業に関するヒアリング内容

- 受注は基本的に待ち受けで、新規営業は積極的に行っていない。
- 社長は主に既存取引先からの受注対応を行っている。
- 自動車部品関連の受注は通年では安定しているが、年末年始、GW、お盆では取引先の工場が休暇するため、当該月は単月赤字となるなど繁閑の差が大きい。
- ここ2～3年は原油価格が下がった影響で黒字を確保したが、自動車

部品の運送単価は依然厳しい水準が続いている。
・日々の配車は営業所の配車係が行っている。ホワイトボードにネームプレートを張りつける旧式のスタイル。高齢のベテラン社員が自身の経験に基づいて行っている。
・出車前点呼や管理者の設置などの法令対応は遵守できているが、これ以上人員の減少が続くと、何らかの対策が必要と考えている。
・ここ数年は離退職が増えている。近隣大手が募集賃金を上げて弊社他のドライバーを引き抜いているようだ。
・取引先別、トラック別の売上高は把握しているが、採算は管理できていない。なお、一便当たりの路線単価はほぼ先方の提示金額で受けており、一度決まるとその後の見直しはほとんどない。受注確保を優先していることから、これまで価格の引上げ交渉はほとんど行ったことはない（難しいと考えている）。
・ドライバーは帰社時に手書きの日報を記載している。本部はこれを、ガソリン代、高速代、残業代等の確認、および取引先宛の請求書作成時にチェックしている。
・トラックは過去業績の厳しかったときからリース対応をしており、現在も続けている。なお、トラックの4分の1は取得後10年超となっており、燃費低下と修理費用の負担が増加している。

【ポイント】ヒアリング内容から何を読み取るか

・同社はS運輸㈱から見ると一外注先に過ぎないが、価格交渉はできないのだろうか？　採算はどうか？
・配車は高齢社員が対応、トラックごとの採算管理ができていないのであれば、何か効率的な仕組みはないか？
・人手不足が深刻だが、募集しても集まらないのであればどうするか？
・最近、運送業の規制は厳しくなっているようだが、対策とコストはどうなりそうか？

第5章　事業性評価に基づき融資を実行する

・トラックを買い替えることによって、どの程度の効果が見込まれるのだろうか？
・リース対応と現金購入（融資対応）とではどのくらい違うのか？
・季節変動がありそうだが、その間の資金需要はあるか？

（3）強みと弱み

前記のヒアリングを踏まえ、同社のSWOT分析を行いました。

（強み）	（弱み）
・顧客からの高い信頼と品質の評価 ・協力会への参加で安定した受注を確保している ・高度な運送技術を持つ要員を確保している（作業員への教育徹底、フォークリフト取扱可能で付加価値が高い）	・トラックの老朽化が進んでいる（1/4が10年超） ・採算管理体制が未整備であり、取引改善交渉も進まず、低収益体質から脱却ができない ・配車管理（人員配置、シフト）が不十分であり、効率的な業務運営体制となっていない ・受注の季節変動が大きく、資金繰りへの影響も大きい

■課題ならびに解決策の提案

ヒアリングならびにSWOT分析等で同社事業の実態について整理を行った結果、以下の課題が見受けられました。したがって、次のような提案を行いました。

☞皆さんならどういう提案をするか考えてみましょう。

項　目	課題・テーマ	解決策の提案／アドバイス内容
売上面	・受注の偏り（1社で6割を占める）	・現在の受注が安定している一方、採算性が低いことを踏まえ、新規先の獲得（1社依存の比率を見直すこと）をアドバイス ⇒当行取引先を紹介 ・既存取引先から、新規先などの高単価路線への段階的なシフトをアドバイス
採算面	・採算管理なし	・システム導入により、路線ごと、台車ごと、取引先ごと等の採算を効率的に算出できる体制を構築することをアドバイス **【融資ネタ／システム導入費用】**
	・単価交渉なし	・従来は価格交渉の余地がなかったが、新規先が増えつつある状況を踏まえ、路線ごとの採算を出し、不採算先と価格交渉することをアドバイス（過去からの価格推移や取引採算を整理して交渉することをアドバイス）
業務管理面	・不十分なシフト管理	・システム導入により、効率的な配車組み（シフトを詰める）を進め、ドライバーとトラックに余裕（空き）を作り、人材不足のカバーや法令対応に回すことをアドバイス
コスト面	・必要人員が不足	・配車組みの見直しで人員とトラックを効率的に稼働させ、余剰を確保することで新規受注の獲得にあたることをアドバイス
	・燃料費・修理費負担の増加	・新規トラック導入による燃料費と修理費等のコスト低減の効果検証を依頼（ただし、減価償却費は増える）
設備面	・トラックの更新	・計画立ててトラックを更新することを提案 ・リース購入と現金購入との支払総額比較を依頼し、融資提案へつなげる **【融資ネタ／設備投資】**

第5章 事業性評価に基づき融資を実行する

組織面	・離退職の増加	・近隣業者や地元の給与水準を参考にして、業績に応じた賞与支払いによる従業員つなぎ止めをアドバイス **【融資ネタ／賞与資金】**
管理面	・業務管理の責任者不在	・業務上の課題である営業と配車管理、運行管理（法令対応）については社長が積極的に関与し、継続的に効率化と改善を図ることを提案

〈図表5－2〉トラックの使用状況　　　　　　　　　　　（単位：年／月、千円）

No	クラス	取得時期	経過年数	次回車検	燃費	年間車検／修理費
1	2t	2008	8年	3月	7.8km	250
2	2t	2010	6年	2月	7.5km	300
3	4t	2014	2年	12月	8.0km	400
4	4t	2004	12年	7月	6.5km	1,000
5	大型	2008	8年	9月	3.9km	500
6	大型	2003	13年	3月	3.4km	1,900
7	大型	2013	3年	3月	4.2km	750
8	大型	2004	12年	5月	3.6km	1,700
9	大型	2011	5年	11月	4.0km	650
10	大型	2001	15年	6月	3.2km	2,100

（以下、省略）

> 単に、トラックが古いという指摘だけでなく、投資によりコスト低減（燃費改善と修理費削減）＝収益向上につながることを併せて提案する。
> これにより経営者も投資判断を行いやすくなる。

■事業性判断

　これらの課題に対する対応状況を踏まえ、次のように同社の「キャッシュフローの安定性と損益黒字の継続性」より事業性はあると判断しま

した。そこで、トラック購入資金ならびにシステム導入資金を融資するとともに、取引先企業を紹介し同社の売上拡大支援を行いました。

① 大手取引先の協力会社に属し、今後も一定の受注は確保される見通しであること

運行等の品質が評価されており、それが新たな新規先を呼ぶという好サイクルにあることから、今後はＳ運輸㈱への依存も改善される傾向にあること【売上の安定性】

② システム導入により採算管理を進め、単価交渉への活用や高採算の新規先を増やすことで、粗利益改善も見込まれること【採算改善】

③ システム導入により配車組みがより効率的に行われるようになり、人不足の緩和が見込まれる＝人員コスト増加抑制につながる見通しであること【コスト削減】

④ トラック更新による燃費等の改善によりキャッシュフローの改善が見込まれること【コスト削減】

トラックはリース→（融資金にて）現金購入にすることで、トータル支払額の低減が見込まれる【キャッシュフロー改善】

⑤ 人員は配車組み換えにより確保し、新規先要員ならびに管理者へ充当することで法令を順守する体制を構築可能なこと【事業の継続性】

■支援の結果

融資後、3ヵ月ごとにモニタリングを行い（定期的な業績確認やアドバイス）、同社の業績向上に向けてフォローを行いました。

システムの導入は順調に進み、加えて社長も配車組み換えに関与するなど効率化を進めた結果、人員・トラックに余力が生まれ、新規受注を獲得するなど着実な成長につながっています。また、外注（庸車）の内製化も可能となり、収益力は大きく改善しています。

その後、主要取引先のＳ運輸㈱から運送だけでなく倉庫業務への参入についての打診があったことから、同社と事業領域の見直しについて検

討しました。その結果、現在の運送事業のみから、物流企業として倉庫業や派遣業などへ拡大を進めることとなりました【融資ネタ／事業規模拡大、設備資金】

　この倉庫事業によって受注の幅は広がり、非自動車関連業種との取引が拡大しています。加えて、既存路線の価格交渉を進めることで、同社の収益力は大幅に改善しています。

〈図表5－3〉融資獲得の5ステップ（トラック購入資金）

段　階	提案内容	備　考
ステップ1	借りてください！	論外。経営者に受け入れられない。 もしくは金利競争になる
ステップ2	トラックが老朽化しているので買い換えませんか？（見た目だけで提案）	ネタは出てきたが、どこの金融機関でも提案するレベル。金利競争になる
ステップ3	トラックの購入時期を把握し、老朽化の状況を確認したうえで、購入資金を提案	データを入手できるところまでは前進。 ただし、経営者も踏み切れない
ステップ4	ステップ3に加え、各台車の修繕コストまで把握 買換えによる燃費改善、修繕コスト低減により収益改善につながることまで押さえて提案	経営者も収益改善につながるのであれば興味を示す
ステップ5	ステップ4に加え、自金融機関の取引先（メーカーなど）を紹介 売上拡大も加わり、大幅な収益改善につながることを示す さらに、収益増加分によるトラック購入資金の回収期間を明示する。借入が増えても財務内容はまったく健全であることを示唆し経営者を安心させる	経営者も購入／借入によるメリットを理解し、前向きに検討しやすくなる。 （社内を説得しやすくなる材料を提供する） 適正金利での融資も可能になりやすい

そこで、今後は老朽化したトラックの更新投資を進め、燃費向上、修理費低減による一段の利益向上を図るべく、これからの支援内容（融資）について検討を開始しています。

■成功要因
・黒字で業績の良い企業でも事業実態を確認していくと何らかの課題を抱えているものです。本事例は、金融機関の行職員が経営者へのヒアリングを通じ課題に気づき、その改善策をアドバイスすることで資金需要を発掘できたケースです。
・単なるトラック購入資金の提案だけでは、経営者も動かない可能性が高いですが、今回のケースでは事業上の課題（ヒトの問題、設備の問題）に焦点を当てたことと、単なる課題の指摘に留まらず業務改善の意義やメリットを踏まえた改善策を提案したことから、資金ニーズが生じ融資につながりました。
・加えて、俯瞰図を見ながらその隙間（やっていない事業や未開拓の取引先など）を経営者と話したこと（気づきを与えたこと）により、事業領域の拡大、取引先紹介、業績向上という好サイクルになったものです。

■当該業種の注意点
　この業種は、ヒトとトラックで成り立っています。よって、ここへいかに効果的に投資を行うかが、企業発展上のポイントになります。業績の厳しい先が多い業種でもあり、「資金繰りの問題で設備投資できない→燃費悪化→修繕コスト増加→突然の故障でトラブル発生」といったケースも多く見受けられます。したがって、トラックの状況と計画的な設備投資は金融機関としては押さえるべき項目です。
　また、外部環境としては厳しい状況が続く見込みであることから、自社内部の課題を解決することで収益向上を図るようアドバイスすること

が必要です。

　業務運営上のポイントは、いかに効率的かつムダのないシフトを組むことができるかということです。これを属人的な手法からシステム化することでルートの見直し、人員配置の変更、配車係とドライバーとの関係性向上、場合によっては余剰人員の確保につながるなど、改善効果としては大きいものがあります。決してシステム自体が万能なものではありませんが、取引先企業の目で費用対効果を検証してもらい、導入可否についてアドバイスしましょう。

　その補足として、他社の成功事例やJ-NET21など公的機関が出している各種改善事例、全日本トラック協会が出している業界ニュースなどを参考にアドバイスを行いましょう。また、採算管理を始め経営管理は弱い業種であり、いわゆるどんぶり勘定の企業が極めて多いことも特徴です。ですから、単価見直しや高採算路線へのシフトを提案することで、業績改善につなげていきます。

　なお、近年この業界の動きとしては、M&Aや事業承継、他社との共同運行、物流コンサルティング会社への転換などがあるので、経営者への話題提供を行ってはいかがでしょうか。意外な資金ニーズにつながるかもしれません。

■業界の融資ネタ

項　目	ポイント
トラック購入資金	・車両一覧を取り受け、経過年数、老朽化の状況と今後の投資計画をヒアリングします（標準的な大型トラックは1台1,500～2,000万円程度） ・リースと現金一括（融資資金）での総支払額を比較することでリース→融資に切り替わるケースもあります（補助金などのアドバイスはより効果的） 　→保有台数に応じて一定サイクルで資金ニーズが発生します。年度末はメーカーの値引き率が大きくなるのでメリットも増大

追加設備資金 （法令対応等）	・各種規制の強化で、排ガス対応、デジタルレコーダー義務化など、追加設備負担も増加しています ・経営者へ定期的に規制の状況と対応策を聞くことで資金需要を発掘できます
システム導入資金	・勘と経験のみで配車組みを行い、採算管理も行っていない中小零細運送会社は多いです。 費用対効果を見てアドバイスしましょう
修繕資金	・トラック修繕資金：内容にもよるが百万円近くかかるケースもあります ・駐車場（アスファルト）修繕資金：台数が多い会社では損傷も激しく、数年に一度はメンテナンスが必要。面積にもよるが数百万円以上します
倉庫関連資金	・事業領域拡大で倉庫業に参入する場合、取得資金、保証金等の資金ニーズが発生します

事例2 ● 食品製造業のケース

■企業概況

```
会社名    Ｂ食品㈱
設立     平成元年
従業員数   15人、パート・派遣30人
年商     350百万円
利益     10百万円
事業内容   水産加工食品、練り物等の製造販売
```

　同社は東北地方に本社を置く水産物加工食品業者。主に地場の飲食店やホテルなどに、かまぼこ、ちくわなどの練り物加工食品を納品しています。また、地元のスーパーが販売するおせち料理に毎年数品を納品しています。

　同社の特徴は、地元特産の小魚を使っており、また、添加物等の使用を抑えていること、手作業工程の比率が高く、多様な形や小ロットでの対応が可能な点であり、これまで安定した顧客を確保してきました。最

近では地元の野菜などの食材を練り込んだ製品の取扱いが増えています。

業績は、外食産業の景況感に左右されることもあり、リーマンショックや東日本大震災、消費増税などの影響により赤字と黒字を繰り返しています。また、手作業比率が高いことから繁忙期には相応の人員を確保する必要がありますが、派遣コストの上昇により収益力は数年前と比べ低下しています。

今般、同社に対する融資方針を検討するため、実態把握を行うことになりました。

■**外部環境（業種市場性）**

食品市場は比較的景気の動向を受けにくい業界だと言われていますが、食料品の価格下落や少子高齢化等の影響を受け、1990年代後半をピークに縮小傾向にあります。平成23年度の食品産業（食品工業・関連流通業・飲食店の総計）全体の国内生産額は78兆円となっており、全産業の約9％を占めています。

消費者のニーズは大きく二極化しており、一方は高価格・高品質を求める需要であり、もう一方は根強い低価格志向となっています。よって、生産業者も価格を段階的に引き上げながら業績を改善している企業がある一方、大半は依然厳しい状況が続いています。

特に、水産加工業は出荷額に対する原材料使用の割合が高いため、製造業全体の水準、また食料品製造業の水準と比較しても収益性が低くなる傾向にあります（図表5-4）。また小規模企業が多く、近年は採算低迷に起因する廃業等により、企業数は減少傾向にあります。

今後、国内人口の減少は確実であり、国内市場は長期的に縮小していくことが避けられません。したがって、メーカーと小売りの直接取引、海外向け取引の拡大、インターネット通販で最終消費者と直接取引するなど、従来の流通経路にこだわらず、販路を拡大する対策が必須でしょう。

〈図表5-4〉 水産食品製造業比率
■原材料費率
(単位:千億円、%)

区　分	原材料使用額①	製造品出荷額②	①／②
全製造業	1,803.3	2,891.0	62.4%
食料品製造業	144.5	241.1	59.9%
水産食料品製造業	20.3	31.2	65.1%

出所：経済産業省 平成22年工業統計表

■売上高経常利益率
(単位:%)

	平成15年	平成23年
全製造業	2.3	2.2
食料品製造業	2.0	1.4
水産食料品製造業		
水産練製品製造業	1.1	−0.7
冷凍水産物製造業	0.5	−0.4
冷凍水産食品製造業	1.5	1.4
海藻加工業	0.7	1.9
水産缶詰・瓶詰製造業	2.0	−2.9
塩干・塩蔵品製造業	0.5	−0.7
その他	1.0	0.6

出所：TKC経営指標

（機会）	（脅威）
・高価格でも品質の高い商品を求める消費者が増加 ・地方創生に絡む地産商品需要が高い（産官連携など） ・海外での日本製品需要と進出支援が拡大している ・地公体によるHACCP取得支援が拡大している	・国内人口の減少、少子高齢化 ・食品に関する品質、安全、衛生管理の厳格化によるコストが増加 ・人員不足と派遣単価の上昇 ・消費者志向の多様化 ・従来型の和風おせちは縮小傾向

第5章 事業性評価に基づき融資を実行する

■事業内容

次に、同社に対して行ったヒアリングの主な内容を示します。

（1）俯瞰図

同社は主に地元のレストラン、ホテル、飲食店向けに業務用食材を納品しています。ホテルや大手レストラン等の規模の大きい企業との取引では地場の食品商社／卸が介在しており、一方、飲食店等の小口先とは直接取引しています。

ホテルでは会食やパーティー等で提供される、やや高級な食材が中心です。この受注は基本的に待ち受けとなっており、当社から積極的な営業は行っていません。実質的な営業は、商品企画をする商社／卸が担っており、同社はそのレシピ作成から関与しています。地元飲食店やおせち関係の取引では、こちらも長年の取引により、一定量の受注を確保してきました。しかしながら、ここ数年は量・価格ともに条件は厳しくな

〈図表5-5〉俯瞰図（食品製造業）

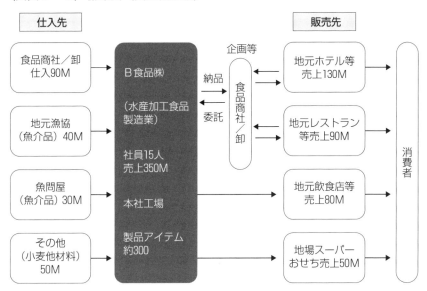

161

っており、受注金額は縮小する傾向にあります。

仕入に関しては、原材料の大半は魚介類であり、商社以外では地元の漁協や問屋から仕入れています。仕入材料とその価格は日々変動することから、主に専務が決定しています。この仕入先は地場では限られること、また品質や鮮度が重視されるので信頼のある業者との取引を優先するため、長らく同じ会社と取引しています。

製造は本社工場で行っています。ここから各販売先へ、ほぼ毎日、自社便にて配送しますが、一部は冷凍の宅配便にて送ることもあります。

最終消費者は主に地元の居住者ですが、おせち関連については地元スーパーの店舗がある隣接県でも販売しています。

【ポイント】俯瞰図から何を読み取るか

・商社や卸業者が介在しているが、外食事業者と直接取引はできないのだろうか？　その方が採算はよいのでは？
・納品先は外食産業向けが中心だが、他にターゲットはないのだろうか？
・ホテルやおせち関係だとシーズンに偏りがあるのでは？　そうすると資金繰りはどうなる？
・外食向けが多いが市場動向はどうだろうか？　宴会や会食のニーズは落ちていると考えられることから、今後の受注はどうなる？
・仕入れは同一企業からの取引が長いようだが、価格は十分に交渉できているのだろうか？

（2）事業に関するヒアリング内容

・同社は創業以降、食品加工業に特化してきた。受注に波はあるが、地元では比較的大手のホテルや飲食店向け取引であり、この取引は維持

したいと考えている。
・積極的な営業は行っていないが、卸、問屋が外食事業者から受注を確保してくる。助かっている反面、これでよいのかというジレンマはある。
・外食産業自体の取引規模は縮小する傾向にあることから危惧しているが、特段対策はとっていない。
・ここ数年、受注は減少傾向にあることから、コスト削減を始め、何らかの改善策を打つ必要性を感じている。
・製品アイテムは顧客の要望に応える形で増えており、現在は約300と相当の多品種少量生産になっている。製造の過程では頻繁な段取り替えが生じており時間のロスになっている。
・取引先別、製品別の採算管理はできていない。社長の感覚では見積り通りに採算が取れていると思っている。ただし、検証したことはない。
・長年、極力手作業による製造を続けてきたことで、顧客の細かい要望や仕様などにも応えてきた点には自負がある。ただし、採算が落ちているので、その原因追求と対策が必要と考えている。
・製造は本社工場で行っており、通常期は朝５時から工場を開け社員２人が仕込み等の準備を開始し、９時頃から夕方まではパートが出社して製造を行っている。おせち料理の製造が本格化する年末近くになると社員に派遣が加わって、深夜まで稼働することもある。
・派遣コストの上昇による損益の影響も大きい。
・毎年派遣社員が入れ替わることから、現場では教育面で相当の負担がかかる。
・シーズンに偏りがあるため、社員を増やすことは考えていない。
・工場のキャパシティに余裕はある。過去のピーク時の７割くらいの稼働状況となっている。
・ここ最近、地元以外の商工会などから地産商品の製造についての問い合わせがあるので、受注につなげたいと考えている。

【ポイント】ヒアリング内容から何を読み取るか

- 経営者は、業績や事業展開へ行き詰まりを感じているようだ。業績が悪化する前に、新たな事業領域や改善策を考えるべきでは？
- 外食事業者向けと、(今、取引のない)流通業向けとではどちらの方が採算がよいのだろうか？
- 流通企業で紹介できる企業はないか？
- 製品アイテムの絞り込みと業務の効率化が必要と考えられるか、どういうことをすればいいのだろうか？
- 手作業にこだわりを持っているが、人件費が上昇していることを踏まえ、機械化できる工程はないだろうか？
- 地産商品の受注はどうすれば伸ばせるだろうか？
- 資金繰りは変動が大きそう。安定化させるために何ができるだろう？

(3) 強みと弱み

前記のヒアリングを踏まえ、同社のSWOT分析を行いました。

(強み)	(弱み)
・ホテルなど地元大手外食事業者との取引実績 ・受注は商社／卸経由であり、当社が積極的に営業を行わなくとも一定の受注は確保される ・顧客ニーズに応じたロット、特注対応など小回りの利いた対応が可能	・外食市場の動向、外食産業の業況に左右されるため、売上のコントロールが難しい ・加工業者であるゆえ、利幅は抑えられており、粗利率の大幅な改善は難しい ・需要、原材料調達時期などの季節性が強く、業務、人員配置、資金繰り等の平準化が難しい ・待受け営業スタイルが定着しており、新規開拓をする意識が乏しい

第5章　事業性評価に基づき融資を実行する

■課題ならびに解決策の提案

ヒアリングならびにSWOT分析等で同社事業の実態について整理を行った結果、以下の課題が見受けられました。よって、次のような提案を行いました。

☞皆さんならどういう提案をするか考えてみましょう。

項　目	課題・テーマ	解決策の提案／アドバイス内容
売上面	・需要のシーズン変動が大きい	・外食関連との取引に限定されており、新たな取引先開拓も図られていない点を指摘。取引先の流通企業を紹介し、取引開始をアドバイス 【融資ネタ／運転資金】 ・従前の業務に流通業向けが加わることで、業務と資金繰りの平準化につなげることをアドバイス
採算面	・採算管理体制の不備	・まずは直接費（材料など）と人件費を取引先ごとに配賦するようアドバイス。人件費は労働時間を集計してもらい、おおよそかかった時間を配賦する簡易な方法から開始するよう提案
	・段取り替えロスの頻発	・流通市場へ参入することで同一製品の製造比率を高める。これにより、製品絞込みと段取り替えロスの縮小を図ることをアドバイス
	・仕入先が固定化している	・取引先の魚介類取扱い問屋を紹介。相見積り取得による仕入れ原価の見直し、低減することをアドバイス
設備面	・手作業による非効率業務の発生、負担増	・単純作業や付加価値の低い工程の解消、ならびに流通業向けの増産に向け、機械導入による効率化を提案 【融資ネタ／設備資金】

組織面	・雇用の過不足が大きい。 ・オンシーズンは外注派遣へ依存→コスト増	・ピークシーズンの外注派遣はやむを得ないものの、流通案件を取り込むことで業務量の平準化を図る。これにより、常勤のパートを確保し、スキル向上を図るとともに、外注派遣の抑制に努めることを提案
資金面	・資金繰りの季節変動が大きい	・資金面では、秋口から仕入資金が先行するが代金回収は年明けになるためこの期間の資金繰り支援を提案 【融資ネタ】

■**事業性判断**

　これらの課題に対する対応状況を踏まえ、次の通り、同社の「キャッシュフローの安定性と損益黒字の継続性」より事業性はあると判断しました。

①地場の大手ホテルや飲食店との取引を長年継続しており、今後も一定の受注は確保される見通しであること【売上の安定性】

②同社の強みを活かした新規顧客（商工会等）、新市場（流通業者）の開拓を進めることで売上が増加する可能性が高いと判断されること。流通案件を取り扱うことで、同社の名前がマーケットに出てくる（パッケージに記載される）ことで知名度向上につながること。これらにより、今後の新たな新規先を呼ぶという好サイクルが見込まれること【売上の安定性】

③流通向け製品の取込みにより、年末に業務が集中することの緩和が図られ、資金繰り、人繰りの安定（増員）につながる見込みであること【事業運営の安定性】

④製品採算に応じてアイテムの絞り込みを行うことで、多品種少量生産と頻繁な段取り替えが軽減されるとともに、同一製品を多く作ることでパートのスキルが向上し、残業等のコスト削減が見込まれる

こと【採算改善、コスト削減、業務改善】

これらの判断を踏まえ、設備資金50百万円の実行、ならびに運転資金として当貸枠の設定を行いました。

■支援の結果

上記融資後、3ヵ月ごとにモニタリングを行い（定期的な業績確認やアドバイス）、同社の業績向上に向けたフォローを行いました。

業績が安定してきたところで、地元の商工会で地産商品の企画や販売推進を行う部門を紹介しました。これにより食品関連業者複数社とともに地元名産品が詰まったパッケージ商品を販売することになり、同社の売上増加に貢献することとなりました。

その後、この企画をホームページに掲載することや、他の自治体向けの営業をすることについてアドバイスしました。数ヵ月後には、他県他市の商工会や産業振興部、漁協等から製造委託（OEM）の問い合わせが入り始め、今では複数との取引を開始。新たなマーケットを開拓することで、さらなる成長に至っています。そこで、今後の増産ライン立ち上げに係る融資について検討を開始したところです。

■成功要因

本件は、需要が頭打ちになっている取引先に対し、（事業領域の見直しを含めた）売上を増やすアドバイスや取引先紹介などの支援を行ったうえで、これに伴い発生する運転資金、設備資金等の融資を行った事例です。

俯瞰図に基づき経営者と会話することで、取引先が攻めていない（気づいていない）潜在顧客層が発見できることがあります。金融機関の行職員が俯瞰図を客観的に見ることで、なぜこの顧客層と取引していないのだろう？という疑問を経営者に投げかけたところから始まり、自金融機関と取引のある事業者を紹介することで「WIN-WINの関係」を築

いた好事例です。
・売上、利益の向上や改善に向けて、経営者の視点を広げるような質問を行う（俯瞰図を見ながら新たな取引層や顧客を検討する）
・何らかの課題や問題点、経営者の悩みを聞き出せたら、まずはそれに対する解決策＝ソリューションを（上司などを交えて）考え、何らかの回答をする（聞きっぱなしでは以後相談されない）。
　同社の場合は受け待ちの営業体制、低採算、年末に業務が集中、資金繰りの波が大きい、外注コストが高止まっているなど。それを解決するにはどうしたらよいかという視点を持つ。ムリ・ムダ・ムラを取り除くという視点からも資金ニーズは生まれる。
・ここ数年は地方創生に絡み、自治体や商工会が積極的に商品開発などを行っており、一般企業との連携も盛んになっています。補助金を受けられるケースもあるので、本部等を通じて情報を入手しておくことが効果的です。

■**当該業種の注意点**

　この業種に限りませんが、中小企業にとって正確な原価管理＝採算把握を行うことは難しい業務の一つです。一品当たりの製造時間や機械利用時間の管理に加え、原材料を製品ごとや取引先ごとに正確に配賦しにくい（する人を確保できない）こともその要因の一つです（例えば、塩や砂糖など共通で仕入れたものを各取引先や製品にどう配賦するかなど）。

　したがって、まずは取引先企業に対し直接経費の配賦、労務費の作業時間に応じた割り当て程度から行ってもらい、採算を大枠で捉えることから始めてもらうようにアドバイスしましょう。

　食品関連業者は年末年始が売上のピーク時期となることが多い業種です。資金回収は年初に集中し、他の月は資金繰りがタイトになるケースが多くなります。そのため、金融機関はこの間の融資（季節資金など）

を提供することが欠かせません。また、年末に派遣を利用することが多いことから、可能であれば前倒しで製造するなどの緩和策も金融機関がアドバイスすべき項目の一つです。

衛生管理面では、基準は厳しくなる傾向にあります。万が一事故が発生した場合、企業存続にかかわる事態に陥る可能性もあることから、衛生管理に関しては相応の設備投資を継続的に行う必要があります。

最近は自治体がHACCP（ハサップ）という衛生等の管理基準取得を支援するなどの動きがあることから、こうした情報を素早く入手し、顧客へ提示することで設備投資などにつながる可能性も高くなります（各地商工会等のホームページを確認のこと）。

■業界の融資ネタ

項　目	ポイント
季節資金	・食品関連業者は季節変動が大きい 手貸当貸等の短期資金が望ましい。返済原資（売上代金入金）を確認したうえで対応
設備投資（工場）	・衛生面、コストダウン、効率化、量産、増設などの切り口で提案する
設備投資（機械化）	・同上 ・無人機による省力化対策 ・熱源をガスや重油に変える設備導入
商品開発関連資金	・地方創生として、食品加工業や飲食業では地域食材を活用した食品開発を行う動きが拡大 ・ハラルメニューの開発、製造、営業経費 ・地元大学等との連携、特許出願など（産官学連携） ・シニア向け／シングル向け小口商品の製造等
海外進出資金	・JETROとの連携をアドバイス ・海外展示会への参加資金

運転資金 (仕入支払資金など)	・食材価格の高騰に対し取引先などを紹介 　→現金一括支払いにより有利な条件を引き出す 　→（支払サイト短縮に伴う）運転資金の対応 ・事業領域見直し、取引先層の変更、拡大による運転資金対応 ・円安の影響で仕入先を国内企業に代え、品質向上を図るアドバイスとそれに伴う運転資金対応

事例3 ● 飲食業のケース

■企業概況

会社名	㈱Cフードサービス
設立	昭和35年
従業員数	16人、パート・アルバイト75人
年商	250百万円
利益	12百万円
事業内容	飲食店5店経営

　同社は、中国地方にてラーメン店等を5店舗運営する事業者。ラーメン店はロードサイドに3店、駅前に1店、イタリアンは中心街にあります。創業者（現社長の実父）は元々製麺会社に勤務していましたが、若くしてうどん屋から事業を起こしました。段階的に店舗数を増やし、ラーメン、そば、定食屋などを展開してきましたが、いくつかの失敗を経て、現在はラーメン4店舗とイタリアン1店舗となっています。現社長は創業者の長男で元々は大手飲食チェーンにいましたが、創業者の高齢化に伴い10年前に同社へ戻り、創業者の逝去に伴い8年前に代表を引き継ぎました。

　味の評判はまずまずであり、地元では知名度も高い方です。口コミサイトでは平均クラス程度の評価を得ています。最近は家系ラーメン店との差別化を図るべく、定食にも力を入れています。

　運営方法として、本社工場をセントラルキッチンとしており、ここで

製麺、肉・野菜等のカットを行い店舗作業の軽減を図っています。各店へは毎日ドライバーが配送を行っています。

　消費者の低価格志向は依然根強く、ここ数年、売上はやや減少傾向にあります。加えて、原材料や人件費等のコストも上昇しています。そこで同社はこれらの対策として、細やかな値上げを行い、結果として採算は改善し黒字を確保しています。ただし、パート・アルバイトの確保は年々難しくなっています。

　このような状況を踏まえ、代表者に今後の事業展開・方針について確認することとし、まずは同社の事業実態把握を行うことにしました。

■外部環境（業種市場性）

　2015年の外食需要は、ファミリーレストランの売上が引続き堅調に推移し、年間の売上は100.1％と前年を上回りました。また、付加価値商品が支持されたことに加え、メニュー改訂に伴う価格改定などもあり、全体の客単価（103.3％）は1年を通してプラスとなっています（（社）日本フードサービス協会資料より）。

　飲食業は景気の影響を受けやすく、消費増税の影響、インバウンド効果、為替変動に伴う原材料価格の上昇、人件費コスト、また競合出店など、多くの外的要因に業績は左右されます。ここ2年くらいは、原材料価格と人件費を価格に転嫁することで、大手ファミリーレストランを始め飲食業者の業績は改善傾向にありました。

　しかしながら、2016年に入ってからは、中国地方の景気停滞に加え、価格高止まりを消費者が敬遠する流れもあり、一部では低価格化へ逆戻りしています。したがって、消費者のニーズも良いモノを求める顧客と根強い低価格志向とに二極化しています。

　業界の主な動向として、次のようなものがあげられます。

・消費者の動向二極化（安い、高価格／高品質）
・食に対するこだわり、美味しいものを求めるニーズの定着化

〈図表5-6〉売上高、客数、客単価の伸び率推移

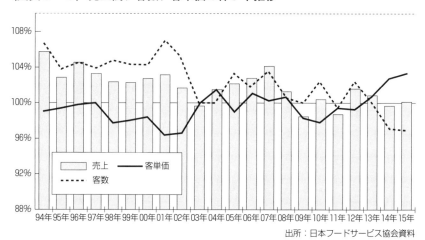

出所：日本フードサービス協会資料

　健康志向が高まっている（油分カット、健康食品）
　こだわり、特徴を持つ、独自色の強い店舗が増加
・低価格帯の外食は比較的堅調に推移している
　270円均一居酒屋や、290円ラーメンなど顧客の低価格志向は依然根強い。低価格競争の激化。大手飲食チェーン店の躍進
・ライフスタイルの変化により、食事時間の不規則化、個食の増加
　女性の社会進出による調理時間の減少、晩婚化による単身世帯の増加による外食ニーズの増加
・高齢者世代と若年層の所得減、アルコール離れなどにより、総じて外食自体が減少傾向にある
・今後の人口減少に加え、長引く不況や消費者の低価格志向により、飲食業界は低迷が続くものと思われるが、急激な縮小は考えにくく、相応の外食需要・規模は維持していく見通し

第5章　事業性評価に基づき融資を実行する

（機会）	（脅威）
・高価格でも品質の高い商品を求める消費者が増加 ・地方創生の絡みで地産商品需要が高い（産官連携など） ・海外での日本製品需要と進出支援が拡大している ・食の安心、安全への対応が重視されており、無農薬野菜などを材料とする場合はアピールポイントになる	・食品に関する品質、安全、衛生管理の厳格化によるコストが増加 ・人員不足とパート、アルバイト時給の上昇 ・消費者志向の多様化

■事業内容

次に、同社に対して行ったヒアリングの主な内容を示します。

（1）俯瞰図

〈図表5－7〉俯瞰図（飲食業）

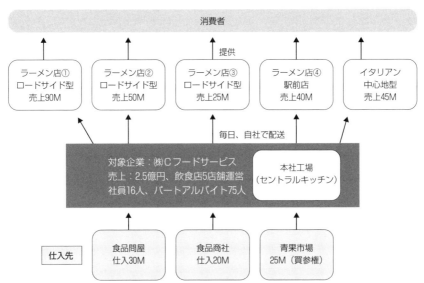

同社のビジネスモデルは一般的な飲食店とほぼ同様の形態です。仕入先は地場の問屋・商社であり、工場で配送を受けています。野菜については買参権（市場へ出入りし買付できる権利）を持っており、工場長が日々仕入れを行っています。その後、工場で加工し、麺と一緒に各店舗へ配送しています。各店舗の営業時間は11～22時で、駅前にあるラーメン店のみ24時閉店となっています。

【ポイント】俯瞰図から何を読み取るか

- 5店舗あるが、各々の採算はどうなっているのか？
- 同じく、効率的なオペレーションはできているか？
- 仕入先は固定化していないか？　相見積や価格交渉はできているか？
- 消費者の動向は？　外食産業は価格が二極化するなど、最近厳しいようだけど。
- 競合店はどこだろう？
- ターゲット顧客は来店者（店内飲食）だけを考えている？　拡げることはできないか？

（2）事業に関するヒアリング内容

- 店舗は最も新しいもので築後15年が経過しており店舗内外の老朽化が進んでいる。これは店舗売上高が落ちている要因の一つだと思われる。
- 昨年、自己資金で1店舗を改装したが売上高は昨年対比120％で推移するなど好調である。
- 小型の店が多いので、ランチやディナーのコアタイムでも他社ほど多くのスタッフを置く必要はないところは利点だと考えている。
- ここ数年は、人件費の上昇と原材料が高騰したものの、細やかな値上げを行ったことで利益率は改善している。ただし、今後は国内外景気の不透明感もあり、消費者の低価格志向の強まりを懸念している。

- 人材を募集してもなかなか集まらない。地域の飲食店で最高時給にした企業に人が集まったという話を聞いたが、今後こうした対応も検討しないといけない。売上高対人件費率は35％と、業界平均値と比較しても高い方に入っている。
- 全店に正社員の店長と店長補佐を置いており、基本的に前半と後半に分けて運営している。アイドルタイム（14～17時の閑散時間）の配置を含め、今後は効率的な運営を行う必要があると考えている。
- 顧客層は、ランチ・ディナーともに男性サラリーマンが中心。土日は家族連れ。データはないが女性、シニア層には弱いと感じている。
- 仕入れについては、野菜は買参権（市場に出入りできる権利）があるので低価に抑えられている。肉や小麦粉についても見直しを進めて改善を図りたい。
- 店舗売上は毎日本部に報告させており、原価は本部で把握しているので、採算状況はタイムリーに管理できていると考えている。
- メニューは本部で開発したり、店舗から提案があるので、毎月1回の店長会議のときに決定している。自社工場があるのでレシピ変更などは簡単にできる。
- パートやバイトのシフトは店長が決めているが、店舗ごとの人件費比率のばらつきは大きい。
- パートやバイトもレジ対応を行っている。旧方式（手書き伝票、古いレジ）のため不慣れな人は時間がかかり、混雑時にお客様を待たせることも多い。ミス（もしくは着服）による現金不突合も時々発生している。全店で十万円超の損失が出た年もあり、早急に改善策を取りたいと考えている。
- 広告宣伝は主に地元新聞やタウン誌に掲載しており、5％の割引券をつけている。返答率は1％に満たないと見ているが、効果検証はできていない。広告宣伝費の中心は、この割引分となっている。
- 店頭でメルマガ会員の募集をしており、5％割引を提供している。ポ

イントカードは以前取り扱っていたが、収益減少につながったことから、数年前に中止した。

【ポイント】ヒアリング内容から何を読み取るか

- 改装が必要なことは理解できるが、過去に実施した際の実績はどうだったのだろう？
- 人が集まりにくい以上、何らかの仕組みを変えることで人員不足を補えないだろうか？
- コストをかけずにできる広告宣伝方法には、どのようなものがあるか？　他社ではどういうことをやっているのだろう？
- 客層は男性サラリーマン中心のようだが、女性やシニアに広げるにはどういう取り組みが必要か？
- 客単価、点数を上げるためにどういう取り組みをしているか？
- 顧客を増やすため、アイドルタイムを埋めるには、どのような広告宣伝、誘致策があるのだろう？
- 従業員をつなぎ止めるのに、賃金以外に策はないか？

（3）強みと弱み

前記のヒアリングを踏まえ、同社のSWOT分析を行いました。

（強み）	（弱み）
・日々の売上、原価等のクイックな情報集約ができている ・中〜小振りな店舗が多く効率性が高い（ローコストオペレーションが可能）	・大手チェーンと比べ、価格競争力・ブランド力共に弱い ・割引券中心の広告宣伝であり、効果もわずかに留まっている。検証もできていない

・自社工場を有していること、青果市場の買参権を有していることから、仕入コストは低減できている。また、随時、商品の入替えや変更が可能	・人件費率は高く、収益への影響が大きい。給与水準も高くなく、募集をかけても集まりにくい状況が続いている

■**課題ならびに解決策の提案**

ヒアリングならびにSWOT分析等により同社事業の実態を整理した結果、以下の課題が見受けられた。したがって、次のような提案を行いました。

☞皆さんならどういう提案をするか考えてみましょう。

項　目	課題・テーマ	解決策の提案／アドバイス内容
売上面	・店舗の老朽化 ・販売機会の拡大	・集客力アップのため、店舗のリニューアルを提案。過去に行った複数の改装実績／実施前後の損益資料を提出依頼し、投資効果を確認。大体2～3年で投資資金の回収ができていることを確認し、計画書の作成を依頼 【融資ネタ／設備資金】 ・弁当取扱い開始による売上拡大策と、ショーケースの設置を提案 【融資ネタ／設備資金】
	・割引に依存した広告宣伝方法の見直し	・SNS活用　FB、ツイッターでタイムリーな情報や集客キャンペーンなどについて他社の成功事例を提供。導入の検討を促した
	・顧客層拡大のためのメニュー開発	・女性や高齢者向けに小サイズやヘルシー感を前面に出したメニューを開発することを提案

採算面	・原価率上昇	・原価低減のため、仕入先見直しをアドバイス。取引先で大手の肉商社を紹介 ・POSレジ導入で店舗ごとの商品分析と仕入精度向上を提案
業務管理面	・業務の滞り 　現金事故の発生	・自動釣銭機の導入によるレジ業務の短縮 ・オーダーエントリーの導入 ・現金事故防止のために防犯カメラを設置 **【融資ネタ／設備資金】**
コスト面	・人件費上昇	・店長兼任店を導入し、人件費抑制と人員不足を緩和することをアドバイス
人材面	・人員不足	・人手不足の対応策として、やる気のあるパート、アルバイトの社員登用をアドバイス これに伴い賞与支給も検討 **【融資ネタ／賞与資金】**
設備面	・従業員満足度の低下	・トイレへのウォシュレット設置、バリアフリー化などにより顧客と従業員双方の快適性につなげることをアドバイス ・照明LED化によるコスト削減 **【融資ネタ／設備資金】**

■**事業性判断**

　これらの課題に対する対応状況を踏まえ、次の通り、同社の「キャッシュフローの安定性と損益黒字の継続性」より事業性はあると判断しました。そのため、店舗改装資金に加え、効率性・快適性向上のための設備資金融資を提案し実行しました。

　①飲食業の売上高は、競合の進出などもあることから変動は大きいものの、同社のケースでは創業50年超の地場では一定の知名度を有したチェーン店であり、また過去の実績からも相応の売上確保が見込まれること。

　また、過去に行った店舗改装前後の損益実績も分析できており、今

後も定期的な改装、リニューアル等により顧客を維持・開拓できると判断されること【売上の安定性】
② 仕入先変更（当行の紹介）や、店長兼任を進めることで収益の改善、コスト削減の可能性は高いと判断できること【収益改善、コスト削減】
③ 課題であったレジ周りもシステム化することで効率性が向上するとともに、この業界では頻繁に発生する現金事故の抑制を図ることで、業務面の改善が図れること【コスト削減、業務改善】
④ SNSを活用した広告宣伝による集客強化（専用メニュー、タイムリーな来店誘致など）によりコスト抑制と、今後の集客向上につながる可能性が高いこと【売上増加、コスト削減】
⑤ 人員は、店長の配置替えやパートの社員登用などで確保することで、業務運営に支障のない体制を構築できること【事業の継続性】

■支援の結果

　融資後、3ヵ月ごとにモニタリングを行い（定期的な業績確認やアドバイス）、同社の業績向上に向けたフォローを行いました。

　融資対象の店舗改装・リニューアル店舗の損益は、計画通り増収につながり1年間が経過しました。看板の大型化などにより認識度は向上し、清潔感も高まったことなどで、顧客増加につながっている様子です。また、新たに開始した持帰り弁当については、店内飲食価格に対し割安の設定としたことや、小サイズも導入したことで、女性や高齢者の取込みも進んでいます。これがファミリー層の集客へつながるなど、好サイクルを生んでいると思われます。

　業績が安定してきたところで、地元の商工会で企業支援や地産商品を推進する部門を紹介しました。現在企画している地元食材のキャンペーンに同社も関与し、これを入れたメニュー開発・提供にもつながり、同社の売上に貢献することとなりました。【融資ネタ／運転資金】

従業員にとっても、社内環境の快適性向上が寄与したのか、定着率は高まっています。したがって、時給の引上げは今後の課題とすることで落ち着いた模様です。

　そして、今後の改装資金に加え新規出店資金の検討、ならびに不動産物件や建設業者の紹介など、今後の支援策について検討を開始したところです。

■成功要因

　本件は、資金が限られる中小企業に対し、店内外の改装や付帯設備を設置するなどの最低限の資金の支援（融資）をきっかけに、増収やコスト削減等につなげた例です。

　飲食業の場合、店舗出店や改装の提案などはどこの金融機関でも行っています。そこで差別化としては、過去の出店や改装による増収・増益効果を定量的に検証したり、（これは実地訪問やネット検索程度になるかもしれないが）近隣競合店の分析、その他改善策の提案などがあります。こうした話を進めることにより、経営者も新規投資に前向きになってきます。なお、（改装の）投資回収期間は一概に言えませんが、3～5年程度であれば妥当といえます。

　経営者との会話において、課題を聞き出せれば、新たな融資やソリューションの提案に結びついてきます。よって、常日頃から同業他社と比較を行うなど準備をしておくことで、どこよりも早い提案ができます。また、単に融資を目的とするだけでなく、建設業者、不動産業者、設計業者、仕入先など取引のある事業者を紹介することで「WIN－WINの関係」を築けますし、そこでも融資が発生するという効果が生まれます。

・現状からの改善に向けて、経営者の考える課題、悩みを聞く必要があるが、そのためには日頃から業界動向や主な業界指標を押さえておくことで話がまとまりやすくなる。新聞やネット記事、ニュースなどアンテナを高く張っておく。

・ヒアリングから何らかの課題を聞き出せたらしめたもの。それに対する解決策＝ソリューションを検討し、素早い回答（反応）を心掛ける。

　なお、同社の場合は店舗老朽化で売上が落ちてきた、レジ周り業務が滞っている、人が集まらない、現金事故が発生しているなどの課題を確認できましたが、これは多くの飲食店で当てはまるものです。そこで、他社ではどのように解決しているのか紹介したり、公的機関が出している好事例などを提供してあげると（それまで必要性を感じていなかった）、経営者が真剣に考え始めるものです。こうした同業者の課題を日頃から認識しておくと、経営者との会話も弾みます。

■当該業種の注意点
　①採算状況の把握

　飲食業に限らず、複数事業や店舗を運営している企業では採算管理が重要です。利益が出ていれば、より良くするための取り組みが必要ですし、不採算であれば、改善策や撤退などを考えなければなりません。特に、多店舗チェーンは店舗採算を見て、現状維持、テコ入れ、撤退などを見極める必要があります。

　また、業績の良い店と低調な店との違いや差は何なのかをつかむことで、より具体的な改善差の提案につながってくるので、こうした定量的な分析を経営者に促すことは、金融機関ができるアドバイスの一つです。そこで、まずは店舗別にコスト構造分析を行い、そのうえで定性要因を確認する方法が望ましいでしょう。

　次は、飲食店が重視する経営指標：FL比率です。F＝FOOD（材料費）、L＝LABOR（人件費）を意味しています。

　飲食業界の一般的な利益構造として、売上高を100％とした場合、食材原価率［F率］（30〜35％）、人件費率［L率］（25〜30％）が適正と言われています。一般にはFL比率は概ね55％前後が望ましいとされ、60％を超えると利益が出にくくなり、65％以上では概ね赤字になると言

われています。

その他にも、「人時売上高」：従業員一人当たりの売上高などの指標もあるので、まずはこれら指標と比較してみましょう。

②パート、アルバイト比率が高い

小売業（スーパー、コンビニなど）や飲食店は従事者に占めるパート、アルバイト比率が高い点が特徴です。短時間で細切れのシフトにより店舗運営が成り立っていることが多く、その人員確保は業務遂行上の大きな課題の一つです。

また、時給によって簡単に他社へ移動することも多く、いかに働きやすい環境を整えるか（顧客だけでなく従業員への快適性も考える必要がある）ということを経営者にアドバイスすることも必要であり、これは融資のネタにもなります（従業員控室の改装、トイレやエアコンなど）。

加えて、現金を取り扱うことから着服等の不祥事が発生することもあり、この対策として、（防犯上の対策と兼ねて）レジ専用の防犯カメラの設置や自動釣銭機の導入などの対策をとるケースもあります。これも融資につながります。

③競合

飲食業界の定説として、うどんやそば店は毎年３千店、ラーメン店は４千店近くが開店し、ほぼ同数が閉店しています。また、開店後１年で約４割が閉店し、10年以上残るのは１割程度との調査結果もあります。

店舗が閉店するには内部的にも外部的にも様々な要因がありますが、特に競合の影響は大きな要因の一つと言えます。業績好調の店舗の近隣に競合店が進出してきた結果、売上が半減することも珍しくありません。対策としては、顧客の囲い込み（ポイントサービスなど）、ターゲットの明確化、差別化、特化戦略などがあります。

金融機関としては売上やコスト削減などを織り込んだ「事業計画」の策定をアドバイスし、将来損益の見通し、設備投資計画、資金繰り計画などを見て判断することになります。

④多様化する広告宣伝方法

　従来の広告宣伝と言えば、雑誌、新聞広告などが中心でしたが、今はホームページを中心に、口コミサイト、フェイスブックやLINEなどのSNSによる運営が重視されてきています。コストは抑えられること、タイムリーな情報提供（雨の日に本日夕方から割引サービスを行います等）が可能なこともあり、今後ますます重要視されるでしょう。

　一方、こうした手法を得意とする経営者と苦手な経営者に分かれるので、金融機関としては専門家や本部の企業サポート部門を引き合わせるなどの支援を行いましょう。

■業界の融資ネタ

項　目	ポイント
設備資金 （新規出店）	・飲食店が成長するうえでは不可避なものです。一時的に借入れとキャッシュフローのバランスが崩れる（債務償還年数が悪化する）こと、また成否の判断は難しいことから、保守的な事業計画策定をアドバイスし対応を検討します。
設備資金 （改修等）	・新規出店や改装による投資額は、当該店舗単体の収益で回収することが基本です。実施前に保守的な事業計画を策定し、借入期間や返済能力を検証します。 ・店舗は数年経過すると汚れや老朽化が目立ってきます。細やかな清掃は当然として、10年単位での内外装の更新が必要です。これも投資効果と回収期間を含めた検証を行いながら進めましょう。 【例】・内外装：看板、厨房機器、テーブル椅子 　　　・メニュー棚の設置 　　　・持ち帰りコーナーの設置　等
設備資金 （効率性向上）	・効率化と防犯効果に加え、営業分析を行うことを含め、下記等の投資を経営者に投げかけることで融資に結びつくケースがあります。 【例】・POSレジ、自動釣銭機 　　　・オーダーエントリー 　　　・厨房機器

設備資金 （快適性向上）	・顧客、従業員双方の快適性向上のために、次のような設備投資も考えられます 【例】・バリアフリー 　　　・ウォシュレット 　　　・空調機器更新
運転資金	・仕入先見直し、まとめ買い等による仕入れコスト低減を目的に、仕入代金の支払い方法を変更することで、資金ニーズが生まれます。 ・顧客利便性を高めるために、クレジットカード、電子マネーの取扱い開始を提案。従来の現金商売からの転換に伴い、資金ニーズが発生します。 ・取引先を紹介する等、WIN-WINの関係を構築することを意識しましょう。
賞与資金	・昨今のような従業員確保が難しい時代は、パートやアルバイトへの賞与支給や社員登用などを実施する企業が増えています。これに対応する融資も考えられます。
その他	・営業分析システムの導入 ・ホームページ、SNS拡充等に係る資金

事例4 ● 建設業のケース

■企業概況

```
会社名     ㈱D建設
設立       昭和45年
従業員数   24人
年商       550百万円
利益       5百万円
事業内容   土木・建築業
```

同社は関西地方にある地場中堅の土木建設業者。公共・民間の土木、建築、住宅建築まで幅広く対応しています。創業者（現社長の実父）が

第5章　事業性評価に基づき融資を実行する

従前勤めていた建設会社から独立して同社を設立したもので、現社長は大学卒業後、大手ゼネコンに5年勤務し20年前に同社へ入社、主に営業部門を担当しています。

　地場案件を中心に取り組んでおり、官民、土木建築でバラつきはあるものの、毎期5億円程度の受注を維持するなど売上は安定しています。先代の方針として、今後人口減少が進むことから新築案件よりリフォーム／修繕案件が伸びることを想定し、自社の行った工事はそのプロセスや細部を詳細なレポートと写真で保管することを徹底してきました。また、これらを施主へも冊子形式で配布してきましたが、これが好評でリピート案件獲得や他の顧客紹介などにつながるなど、同社の大きな特徴となっています。

　一方で、粗利益は建築材料費の高騰、外注費の上昇により低下しており、年によって大きな赤字工事が発生することもあります。採算管理は先代の頃から勤める社員がエクセルで対応しており、長年同一人物が担当してきたことから、かなり複雑な作りになっています。

　ここ数年は新卒採用を行っていないことで、現場社員の高齢化が進んできましたが、3年前に廃業した同業者から30〜40代の優秀な社員を数人雇用したことで社内に活気が出てきました。

　今般、当店大口与信先について事業性評価に基づく融資について検討することとなり、同社の事業概要把握を開始しました。

■**外部環境（業種市場性）**

　国土交通省の「平成28年度　建設投資見通し」によれば、建設投資は、平成4年度の84兆円をピークに減少基調となり、平成22年度には平成4年度の半分程度にまで減少しました。その後、東日本大震災からの復興等により回復傾向となっています（**図表5－8**）。

　平成28年度の建設投資については、復興予算や平成27年度の補正予算等に係る政府建設投資が見込まれることから、総額として51兆7,700億

円(前年度比1.6％増)となる見通しとされています。一方で、建設業許可業者数は平成26年度でピーク時(平成11年度)の約78％にあたる約47万社とそれほど減少していません。つまり、厳しい過当競争が続いている業界です。

受注環境は景気の影響を強く受けることから不安定で、加えて若年層の人員不足は深刻であり、また材料費や外注コストも上昇する傾向にあります。ここ数年、発注額自体は増加傾向にありますが、人手不足のため、「仕事はあるが受注できない」という状況が続いています。

2020年の東京オリンピックまでは、受注は相応に維持される見込みですが、その後の事業展開についても早い段階で検討することが必要です。

〈図表5－8〉 建設投資の推移

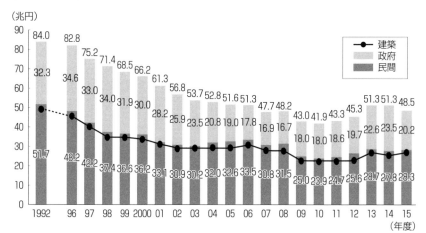

(注)1.13、14年度は見込み額、15年度は見通し額
   2.政府建設投資のうち、東日本大震災の復旧・復興等に係る額は11年度1.5兆円、12年度4.2兆円と見込まれている。これらを除いた建設投資総額は、11年度40.4兆円(前年度3.8％減)12年度40.7兆円(同0.6％増)。

建設投資は90年代後半以降、減少傾向が続いた。近年では、リーマンショック後の景気悪化により急減し、2010年度にはピーク時(92年度84兆円)の50％にまで減少した。11年度には、東日本大震災の復旧需要等で増加に転じ、3年連続して増加していたが、15年度は前年度比5.5％減となる見通しである。

出所:国土交通省「建設投資見通し」より(社)日本建設業連合会作成「2015 建設業ハンドブック」

（機会）	（脅威）
・大手企業を中心に、業績回復に伴い設備投資は拡大 ・復興・オリンピックに伴う建設需要の拡大 ・建設工事従事者の不足により、元請各社が受注単価の引き上げに理解を示しつつある	・材料費上昇 ・建設作業員不足および外注単価の上昇 ・下請企業の不足

　なお、建設業の外部環境を調査する場合、以下の資料を活用することをおすすめします。統計資料、見通しなどが分かりやすくまとめられているので、経営者と話をするうえでも活用できます。

・国土交通省HP
・総務省統計局HP
・各都道府県HP
・（社）日本建設業連合会
・（社）建設経済研究所

■事業内容
　次に、同社に対して行ったヒアリングの主な内容を示します。

（1）俯瞰図

　ビジネスモデルは、一般的な土木建設業者とほぼ同様の形態となっています。同社の場合はこれに加え、自社が建築した住宅の販売子会社㈱Dハウスを有しています。
　主な材料仕入は県内の資材販売会社であり、外注もまた地元の建設会社数社を利用しています。受注先は毎年大きく変わりますが、地元Z市

の公共工事は数件落札しています。民間工事では元受となることもありますが、親密な中堅ゼネコンの下請けで参加するケースもあり、その割合は半分程度となっています。各々の売上高は俯瞰図に記載の通りです。

自社の施工部門はリーマンショック以後縮小させており、自社で工事を行うのは年間数現場に留まっています。よって、外注下請をいかに活用できるかが同社損益の肝であり、社員の業務は現場管理がメインになっています。

〈図表5－9〉俯瞰図（建設業）

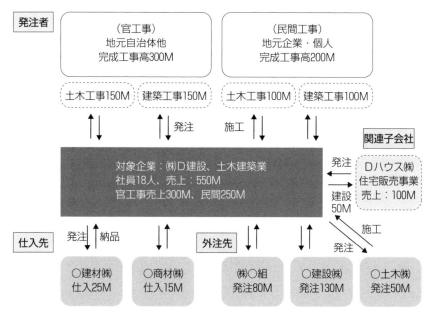

【ポイント】俯瞰図から何を読み取るか

- 営業スタイルはどうなっているのだろう？　待ち受け？　積極営業？　どういうルートで引き合いがあるのだろうか？
- 工事別の採算はどうなっているのだろうか？　どの部門が一番儲かっているのだろうか？

- 仕入先・外注先は地元業者が中心だが、価格交渉はどのように行われているのだろうか？
- 仕入先・外注先はいつも同じ先に固定化されていないか？（使いやすい先ばかりになっていないか？）相見積りや価格交渉は組織的に行っているのだろうか？
- 住宅部門を伸ばすために、どのような営業を行っているのだろうか？エンドユーザーの動向や消費増税の影響はどうだろうか？　地域の人口構成や増減はどうだろうか？

（2）事業に関するヒアリング内容

- 営業は社長がメインで行っている。商工会や業界団体の役員を多く担っていることが、受注獲得に寄与していると考えている。
- 社長は、受注獲得は得意だが採算管理は弱い。全社的に数値を見ることができる人がいない。
- 売上高総額は安定しているが、毎期内訳は大きく異なっており、元請／下請の違いなどで利益の変動が大きい。ここ数年は利益率が低下する傾向にある。
- 売上を重視した結果、無理に受注した案件や、工事中に仕様変更があり価格転嫁できなかった案件などでは、年間数件の赤字工事が発生している。その規模によっては、全社損益で赤字となることもあるが、それに対する対策や仕組化はとられていない。
- コストの6割近くが外注費と材料費となっているが、この価格交渉は現場任せであり、社長は下請や材料業者との交渉にほとんど関与していない。
- 工事管理や採算管理方法、実行予算書などは担当者によって対応がバラバラのため、工事が完了するまで採算が分からない。

- 数値に関する社内管理は、基本的にすべてエクセルで管理しているが、各人が同じような資料を異なるフォームで作成している。社長としてはムダがあると感じているが、各担当者のやり方に任せたまま変えさせていない。
- 外注依存が高まっていることもあり、自社で保有する機械は老朽化が進んでいる。修理費も年間数百万円かかっている。

【ポイント】ヒアリング内容から何を読み取るか

- 安定的な売上を確保するために、今後はどういう営業をすればいいのだろうか？
- 売上最重視の営業になっているが、官／民、元請／下請、土木／建築別など、何が儲かっているか会社も把握できていないのでは？
- 随意契約案件と入札案件の割合は？　どちらの採算が良いのか？
- 業務の進め方で、どこを改善すればいいのだろうか？
- しっかりと採算管理する体制ができれば、もっと利益を出せるのでは？
- 外注比率が高いのに、価格交渉は現場任せになっているので、どのように改善すればいいのだろう？
- 属人的なエクセル管理からシステム化できないか？

（3）強みと弱み

前記のヒアリングを踏まえ、同社のSWOT分析を行いました。

（強み）	（弱み）
・地場中堅建設会社として、受注は概ね安定している ・アフターフォロー、工事内容の見える化には定評があり、また社長の営業力もあり、新規顧客を獲得する力は高い ・土木から戸建て住宅まで幅広い対応がワンストップで可能	・採算管理が不十分であり、利益率は低下する傾向にある ・自社の施工部門が小さいことから外注依存となり、高コスト体質となっている ・業務フローもバラバラであり、業務の重複、ムダが多い

■課題ならびに解決策の提案

ヒアリングならびにSWOT分析等で同社事業の実態について整理を行った結果、以下のような課題が見受けられました。したがって、次のような提案を行いました。

☞皆さんならどういう提案をするか考えてみましょう。

項　目	課題・テーマ	解決策の提案／アドバイス内容
売上面	・強みを活かした営業の徹底（過去手がけた顧客の掘り起こし） ・安定した採算を確保できる住宅事業を確保する ・売上重視の営業と採算管理の不備	・現場管理力（写真撮影など顧客へのアフターフォローの良さ）などの強みを活かし、過去顧客の掘り起こし、修繕営業などを開始し、安定的な受注を確保することをアドバイス ・住宅展示会の開催 　行職員向けの販売斡旋提携住宅ローンの取扱いを提案 ・採算管理体制の構築と選別受注の徹底をアドバイス ・取引先顧客の建築案件の紹介 【融資ネタ／運転資金（工事立替金）】

採算面	・工事採算管理の不備	・実行予算の策定、工期中の管理など曖昧であることから、厳格に行うよう、ルールの策定をアドバイス（実行予算書の策定と進捗管理を経営陣が関与して行うなど） ・受注決定前に採算を社内で検討することで、赤字受注を抑制する仕組み作りをアドバイス ・価格交渉を現場任せにするのではなく、組織的に行うことを提案
業務管理面	・採算管理の精度向上	・エクセルのみの管理からシステム化を提案 **【融資ネタ／システム導入資金】**
設備面	・自社設備の老朽化	・費用対効果を見たうえで、機械購入資金を提案 **【融資ネタ／設備資金】** ・修繕コストも引下げにつなげる

■**事業性判断**

　これらの課題に対する対応状況を踏まえ、次の通り、同社の「キャッシュフローの安定性と損益黒字の継続性」より事業性はあると判断しました。そこで、従来通りの運転資金（工事立替金融資）とシステム導入資金の融資を実行しました。

　①顧客からの信頼や評判に裏づけされる売上高の実績。またこれらの状況から、相応の技術力を有していると判断できること【売上の安定性】

　②予算策定、予実管理を始めとする工事の採算管理体制は脆弱であるが、システム導入を始めとする管理方法の見直しにより、収益改善が見込まれること。また、今後は受注前に赤字が懸念される工事受注は抑制する方針から、収益力は向上すると判断されること【採算改善】

③現場任せの価格交渉から、組織的な対応へ見直しを進めることで、最大の経費である外注コストの抑制につながる可能性が高いと判断されること【採算改善、コスト削減】

■支援の結果

　前記融資後、3ヵ月ごとにモニタリングを行い（定期的な業績確認やアドバイス）、同社の業績向上に向けたフォローを行いました。

　まず、採算管理システムの導入については、審査部の建設担当ラインに相談し、最適なものを勧めて利用開始に至りました。この導入時に、社長が全従業員を集めて自社の損益状況などを説明したことで、従業員の意識も変わり始めました。

　採算管理は長らくドンブリ勘定でしたが、各担当者が実行予算の策定や下請等との価格交渉を厳格に行うルールを定め、また大型工事の仕入れ・外注発注時は経営陣が関与し始めました。これらにより、工事の採算は改善しつつあります。

　融資対象工事の予算進捗状況を報告してもらうことで、期中でも損益がタイムリーに分かるようになりました。そこで、従来通りの運転資金（工事立替金融資）に加え、老朽化機械更新等の設備資金の実行に至っています。

■成功要因

　同社は、地場中堅の建設会社であり顧客の評判も高いことから、売上高は安定していました。しかしながら、数年ごとに大きな赤字工事が発生していたことから、その原因をヒアリングすると、各業務において本来行うべき事項のモレや未対応項目が多いなど、採算管理体制がずさんであることが明らかになりました。

　そこで、この内部的な課題を整理、解決することで収益改善を図ることをアドバイスしました。金融機関は継続的な融資対応と、システム構

築資金等の支援につながりました。

　建設業において、採算を改善するための事業上のポイントは3つあります。
・妥当な実行予算計画が立てられているか（これができていない建設会社は極めて多い）
・材料、外注の発注時にどういう基準や方法でコスト削減の交渉を行っているか（相見積取得など）
・着工後の仕様変更に際し、価格交渉を行っているか（本来請求交渉すべき追加コストをやむを得ず自社で負担しているケースは多い）

　これらを確認するには、**図表5－10**のような業務フロー図を経営者と一緒に作成し、どの部門の管理がなされていないかを確認することが有効です。まずは、受注高ばかりに興味を示す経営者に対し、できていな

〈図表5－10〉建設業の業務フロー

区分						
発注者	発注者 →(先方応諾)→ 発注者			発注者		発注者
	↑↓見積提出 ↓契約			↑請求 ↓支払		↑引渡し
	見積依頼		確認／承認			
当社	営業 (見積作成) 営業		社長・部長	経理		
	↓作業等指示	実行予算検証 ↑	進捗報告	実行予算 進捗管理	→	検査
	(予算策定)					報酬支払
	現場担当 → 現場担当 → 現場担当					
			管理	価格交渉		
外注仕入先	発注 → 下請け（外注）			下請け（外注）		
	(価格交渉) → 資材業者			工事施工		

い事業上の課題を共有することで、改善が開始されることになります。

■当該業種の注意点

　建設会社は全国に約47万社ありますが、比較的小規模な企業が多く、その大半は採算管理を始めとする社内管理は脆弱であるといえます。そのため、金融機関としては、経営者に対し受注高を最重視するのではなく、しっかりと採算を管理して利益を出せる体制を構築することが必要である旨のアドバイスを行いましょう。

　なお、建設業界には「経営事項審査（経審）」という、業者の施行能力や経営状況等を客観的な指標で評価する制度があります。この評点を上げるために財務内容の調整（粉飾決算）を行う企業もあることから、財務面の調査は慎重に行う必要があります。

　①採算管理面

　同社のように、この業界の採算管理はドンブリ勘定のことが多く、工事が完了した後に工事採算が分かるケースが多いです（それすら分からない会社も多くある）。しっかりとした実行予算の策定、材料仕入と外注費の価格交渉、追加工事や仕様変更などの適正な請求を行うことで、赤字工事の発生を防ぐことが可能となります。

　金融機関の担当者はここまで管理できないことから、毎月、試算表、工事受注明細、完成工事の採算実績、資金繰り表を確認し、異変があるときは都度アドバイスし、早い段階で改善を促すことが必要です。

　②運転資金

　建設業は、製造業や小売業などとは勘定科目が若干異なります。「完成工事未収金＝売掛金見合い」、「未成工事支出金＝仕掛中工事に拠出している資金＝在庫見合い」、「未成工事受入金＝買掛金見合い」になります。建設業向けの融資は、基本的に各工事の進捗状況に応じて、その立替金に対し工事に紐付きで行うことが基本です。つまり、工事最終金で回収することが前提になります（回収原資を明確にする）。

しかしながら、赤字工事が発生すると（＝工事代金の収入より経費支出の方が多い）、当該工事分のみでは回収できなくなることから、他の工事代金入金分で回収せざるを得なくなります。こうした赤字工事が増えると資金繰りがひっ迫してきます。

　したがって、業績が厳しい建設業に対しては、長期資金の実行などで目先の資金繰りを安定させることも検討すべきことかもしれません。

■業界の融資ネタ

項　目	ポイント
運転資金 （工事紐付き融資）	・工事の代金回収と支出とのズレ発生に伴う資金立替に対応します。この運転資金の返済原資は工事代金の回収金が原則
システム関連投資	・採算管理の精度向上 　エクセルで管理→システム導入で社内での活用方法を見直し、タイムリーな採算把握につなげる。費用は数十万円〜。投資対効果（管理部門の人材削減、効率化等）を取引先に十分検討してもらったうえで対応
設備投資	・機械老朽化の状況と投資効果を検討してもらう（何ができるようになるのか、投資によってどれだけの収益改善効果があるのか） ・人員不足への対応策として、自動化機械の導入（人件費、派遣費用の削減にもつながる）
赤字資金	・前述の通り、赤字工事が続くと短期の資金繰りが厳しくなります。 　そのため、やや後ろ向きの対応になりますが、長期資金を導入することで取引先企業の資金繰りを安定させることも支援策の一つ

事例5 ● 自動車部品製造業のケース

■企業概況

会社名	㈱E工業
設立	昭和55年
従業員数	48人
年商	750百万円
利益	15百万円
事業内容	自動車内装部品の製造

　同社は関東地方に本社を置く自動車内装部品の製造業者。主に大手自動車メーカー系列の3次下請企業として、車内の各種スイッチ、ボタン等の樹脂部品を生産しています。同社の代表者は、元々上位メーカー（2次下請けグループ）のX社に勤めていましたが、同僚や学生時代の友人と一緒に独立し、昭和55年に同社を設立しました。独立当初は各自の技術力を活かし、文具などのプラスチック製の小型商品を製造してきました。

　数年前に前勤務先X社の同僚（営業社員）が同社へ入社したことがきっかけでつながりができ、ここ数年はX社からの自動車関連部品の発注が増え、前期は売上高の4割を占めています。

　同社の特徴は、その成形技術の高さにあります。特に、2色成形という異なる色の2つの同種材料を成形する技術は、上位メーカーに評価されており、耐久性や高級感のある仕上がり、そして不良品の少なさが認められています。これら技術力が業者間の口コミで広がり、今まで取引のなかった家電業界の大手企業（の部品下請企業）から見積りや試作品を依頼されるなど、受注状況は堅調に推移しています。

　業績は、自動車関連産業の景況感に左右されます。そのため、リーマンショックや震災、自動車関連税制や補助金、為替動向などの影響を強く受けます。

　ここ数年、売上高は新規先の獲得もあり伸びています。利益は黒字を

確保しているものの、売上の伸びに対してはわずかに留まっています。この要因としては、材料費と外注費の上昇があげられます。

工場は会社設立時に代表者の自宅隣接地に建設しましたが、手狭になったことから、15年前に第2工場を開設（賃貸）しています。文具等の簡易製品は第1工場、自動車関連製品は第2工場で製造しています。

同社の組織は、営業（技術営業）、企画開発（試作含む）、工場に分かれています。ただし、創業者が元々の役割に応じて分けただけで、明確に組織化まではされていません。

この2～3年は受注が増加していることから人員を募集していますがなかなか採用できず、派遣でカバーする状況が続いています。今般、同社に対する融資推進を目的に、実態把握を行うことにしました。

■外部環境（業種市場性）

国内の自動車生産台数は、2008年のリーマンショック後に大幅に落ち込み、2011年3月の東日本大震災でさらに縮減しましたが、その後の設備復旧並びに生産再開後に、東日本大震災以前の水準近くまで回復してきています。

これまで自動車メーカー各社は、為替レート等の外部環境の影響を抑制すべく海外生産を進めてきました。そのため、今後為替相場が大きく変動しても、国内回帰に一気に舵を取ることは考えにくく、また国内需要自体も減少基調が見込まれていることから、今後国内の生産台数が飛躍的に上昇することは考えにくいと思われます（なお、本書執筆中にイギリスのEU離脱投票があり、急激に円高が進んでいる）。

長期的に見ると、自動車部品の国内生産は低下する可能性はあるものの、トヨタ自動車などは国内生産300万台を打ち出しており、当面は国内に一定の生産量が維持され、国内自動車部品メーカーの供給の安定も一定水準は維持されることは見込まれています。

第5章　事業性評価に基づき融資を実行する

〈図表5-11〉国内生産動向　　　　　　　　　　　　　　（単位：千台、％）

	2011年	2012年	2013年	2014年	2015年	2016年（予）
国内生産	8,399	9,943	9,630	9,775	9,278	（予測は省略）
増減率	－12.7％	18.4％	－3.1％	1.5％	－5.1％	

出所：日本自動車工業会資料より筆者作成

　なお、自動車関連の外部環境を調査する場合、次の資料を活用することをおすすめします。統計資料、見通しなどが分かりやすくまとめられているので、経営者と話をするうえでも活用できます。

・経済産業省HP
・総務省統計局HP
・（社）日本自動車工業会
・（社）日本自動車販売協会連合会
・（社）日本自動車部品協会

（機会）	（脅威）
・国内自動車産業の業績は他産業に比べ比較的安定している ・メーカーへの価格交渉も一部では受け入れられるようになってきた ・競合の縮小もあり、技術力の高い企業には他業界からのオファーが増加	・為替変動による自動車産業の業績影響の波が大きい ・自動車の海外生産拡大による、部品の現地調達化 ・自動車部品の共通化に伴う取引先企業の選別 ・自動車買換えサイクルの長期化

■事業内容

次に、同社に対して行ったヒアリングの主な内容を示します。

（1）俯瞰図

同社は自動車業界内では、T社等の完成メーカーを頂点とする企業群の3次下請けに位置しています。まずT社系列の受注では、その製品種類に応じて内装関連を手がける大手のU社を経由し、2次下請けのX社（前勤務先）、Y社から受注しています。また、わずかですが他の完成メーカー向け部品も製造しており、同社はZ社から受注しています。

同社の主な製品は車内の各種スイッチ、ボタン等の樹脂製品部分が7割（数年前までは8割）、設立時からの文具等は売上の1割に低下（同2割）する一方、ここ数年は新規取引を開始した家電関連製品が2割に

〈図表5－12〉俯瞰図（自動車部品製造業）

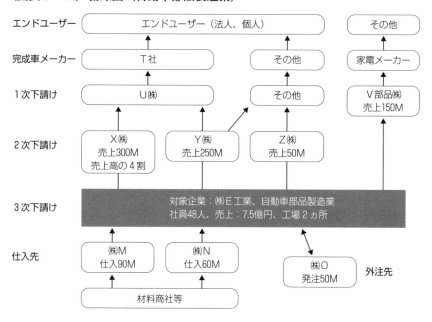

伸びてきています。

　仕入れはプラスチック樹脂をM、Nの2社を使っています。なお、M社は1次下請けU社の子会社の商社です。加工のうち塗装が必要な工程の一部はO社へ外注しています。

【ポイント】俯瞰図から何を読み取るか

- X社とY社への販売製品などの区分けは何？　両社とも最終的にU社へ納入しているが採算はどうなっている？
- どの取引の採算がよいのだろう？
- 原材料は何で、どのような条件で仕入れているのか？
- どのような工場・設備で、どういう工程を経て製品が作られているのか？
- 今後の受注動向を把握するためには、どういう指標を参考にすればよいか？　自動車関連の生産動向は？　税制は？　エンドユーザーの動向は？
- 製造・販売部門以外には、どのような部門があり、どのような人員配置がなされているか？
- 同社がなぜ、大手メーカーとの取引が可能になっているのか？　何が受け入れられているのか？　技術力？　価格？

（2）事業に関するヒアリング内容

- 売上高は堅調に推移しているが、受注の大半は待ち受けとなっており、昔から外交営業する習慣がない。
- 元々、技術力はあると自負がある。最近は大手企業からの引き合いも多く、相応に評価されていると感じている。
- X社とY社にはほぼ同様の部品を納めている。各々がU社（一次下請け）から受注した案件を同社が下請けとして製造している。利益率は

ほぼ同じである。
- 他の自動車関連下請け企業と同様に利益率は厳しい。特に、ここ数年は原材料価格と人件費が上昇しており採算は低下している。見積価格は透明化されており、常にギリギリの価格しか提示できていない（原材料費、労務単価など上位メーカーが基準を示す、もしくは把握しているので利幅が限られるということ）
- 元々、2工場とも手狭であり、キャパシティは限界に近い。新規受注の打診を断ることもある。
- 受注増加に伴い外注派遣費が急増している。工場長が生産計画に応じて外注派遣を委託しているが、経営陣は関与していない。
- 管理面の業務分担が明確になっていない。社長が全体を管理しているが、すべてに目が行き届いておらず、現場任せになっているところが多いと感じている。
- 経営陣は全員が60歳代になっており、若返りと事業承継が課題。各々の子息が入社しているので、将来的にはこの代に引き継がせたいと考えている。ただし、営業には技術知識が求められるが、教育体制ができていない。

【ポイント】ヒアリング内容から何を読み取るか

- なぜ、待ち受けでも受注を取れているのだろうか？　販売体制は？　製品や同社の強みと特徴は？
- 同社製品は、上位取引先にとってどの程度のシェアがあるのか（同社との取引は重要性が高いのか）？
- どういう部品を何種類位作り、いくらで販売しているのか？
- 第1工場と第2工場の採算はどうか？　2つに分かれている必要性はあるのか？　工場が2つあることによるメリット、デメリットは？　統合できない？
- 技術力、企画力、提案力はどう評価する？

・仕入の価格交渉や相見積はどうなっている？
・製造現場ではどのような人員配置がされているのか
・事業承継に関して何かサポートできることはあるだろうか？

（3）強みと弱み

前記のヒアリングを踏まえ、同社のSWOT分析を行いました。

（強み）	（弱み）
・Ｔ社系一次下請けの大手Ｕ社からの安定した受注を確保している（Ｘ社、Ｙ社のどちらがＵ社から受注しても同社へ回ってくる） ・受注生産スタイルで、ロスは少ない ・高い技術力を保有することで、積極的に営業を行わなくとも一定の受注は確保可能 ・経営者の長年にわたる技術開発により、他社との技術優位性を構築している	・自動車関連への依存度が高く、業績変動が大きい ・２色成形以外に将来性のある事業が育成されていない ・待受け営業スタイルが定着しており、営業社員に新規開拓をする意識が乏しい ・後継者が育成されておらず、業務と権限の委譲もできていない ・外注派遣管理など管理面が脆弱で、コストアップが生じている ・今後非自動車関連製品の受注拡大が見込まれるが、現有設備での受注キャパは限界

■課題ならびに解決策の提案

　ヒアリングならびにSWOT分析等で同社事業の実態について整理を行った結果、以下の課題が見受けられました。したがって、次のような提案を行いました。

　📖皆さんならどういう提案をするか考えてみましょう。

項　目	課題・テーマ	解決策の提案／アドバイス内容
売上面	・自動車産業への取引集中	・受注は比較的安定しているが、採算の厳しい自動車産業中心から、高採算の他業界との取引を拡大することについて、双方の採算実績、受注見通しを踏まえ慎重に検討することをアドバイス ・取引先で、業績が順調で事業の拡大が見込める優良取引先を紹介 【ネタ】運転資金
	・待ち受け営業の定着	・従来は待ち受け営業で相応の受注は確保できていたが、非自動車関連との取引を拡大するうえで、営業体制の見直しをアドバイス 特に、後継者世代の教育を含めて営業方針を見直すことについて提言
採算面	・採算の低下	・コスト上昇が課題となっていることから、販売価格への転嫁に加え、材料費、外注費の見直し、価格交渉を行うことをアドバイス。そのために、製品ごと、取引先ごとの採算実績を正確に算出し、個別に交渉することを提言 ・既存取引を、現状維持、価格を下げてでも受注拡大、取引撤退も視野に価格交渉、妥当な価格まで引上げ交渉する、という４つに分類し、各々方針を立てて交渉することをアドバイス ・当行取引先のプラスチック資材の商社を紹介し、仕入れコスト低減をサポート
業務管理面	・採算管理体制の不備、コスト管理の不在	・前記に同じ ・責任者不在の体制となっていることから、各部門にリーダーを設置するとともに、役職手当等の制度を導入することを提案 ・外注派遣費用の管理はまったくできていないことから、業務当たりの時間数をリーダーに管理してもらい、なぜ外注を必要としているのか、その要因を整理してもらうよう依頼

コスト面	・コスト削減	・工場が2つあることにより生じる管理コストの削減を提言 ・機械のオートメーション化を進め、ローコストオペレーション体制を構築することをアドバイス
設備面	・手狭な工場を統合、新設資金を提案	・すでにキャパ一杯に近いこと、今後、非自動車関連の取引が増えることを踏まえ、統合もしくは移転・立替について打診した ・機械の老朽化による失注や生産コスト上昇への対策を確認し、最小限の投資で可能な設備更新計画の検討を依頼する
組織面	・教育体制の不備	・老齢経営者が中心の組織となっていることから、中堅社員の引上げと若手社員の教育・業務内容や知識の承継を進めることをアドバイス

■事業性判断

　これらの課題に対する対応状況を踏まえ、次の通り、同社の「キャッシュフローの安定性と損益黒字の継続性」より事業性はあると判断しました。そこで、工場新設の設備資金を融資しました。

①自動車関連大手企業からの安定した受注に加え、非自動車関連からの新規取引も拡大している状況から、製品の企画力・競争力は高いと判断できること。
　また、今後価格交渉を進めること（仮に既存先で成約しなくても取引先入替を行うことなど）で増収・採算改善が見込まれること【売上の安定性、採算改善】

②工場統合により、管理コストは抑制されることから、損益ならびにキャッシュフロー改善につながること【コスト削減】
　なお、この投資に関しては経営者と事前に何度も話し合い、また外部コンサル活用して妥当な事業計画書を策定したうえで対応してい

る。
③外注派遣コストなど、従来は管理不足であった項目が明確になり、責任者を定めて重点管理することでコスト削減が見込まれること【採算改善、コスト削減】
④経営者の高齢化が懸念材料であったが、今回の工場移転を機に次世代の教育、育成に着手したことで、今後の経営基盤を維持できる見通しであること【事業の継続性】

■支援の結果

融資後、3ヵ月ごとにモニタリングを行い（定期的な業績確認やアドバイス）、同社の業績向上に向けたフォローを行いました。

まず、同社は中堅から若手社員を中心に、社内改善を横断的に行うプロジェクトチーム（PT）を立ち上げました。このPTは、①採算管理体制の構築、②①を踏まえて取引先の選別を行うことから、開始しました。

その結果、自動車関連の粗利はほぼ同じと見ていたが、実態は検査検品の負担や24時間体制の有無等の違いがあり、採算不採算の状況も明確になってきました。したがって、（撤退覚悟で）価格交渉をする先、現状維持の先に分け、営業部門を中心に交渉を開始した結果、取引解消することなしに価格見直しを得られ、収益改善につながりました。

その後、工場移転も無事に完了し、当社のコストは大きく削減されました。また、工場新設により従来取引のなかった非自動車関連企業からの引き合いも増えており、収益力は依然と比べ格段に改善しました。

現在、ものづくり補助金導入までのつなぎ融資の対応を検討しているところです。

■成功要因

同社のケースでは、安定した受注があるが採算が低い状況が続いていること、非自動車関連の企業からの引き合いが増えている、という2点

に対し、金融機関が関心を持ったことから改善活動開始に至り、そして実際に改善に至った例です。

まず、前者（採算が低いこと）は社内的な要因と対外的な要因に分けられます。

社内的な要因	・採算管理ができていない。儲かっていると思っている取引が実は低採算であることはよくあるケース ⇒見積り精度が低い、価格交渉が弱いなど ・高コスト体質になっている ⇒人件費、外注コスト、材料費率など 事例のケースでは2工場体制の要因もある
対外的な要因	・競合が多い ⇒厳しい価格競争環境にある ・販売先の力が強い ⇒自動車業界は該当する。価格が透明化されているため、交渉余力がほとんどない ・仕入先、外注先の力が強い ⇒特殊製品や希少品を仕入れる場合や、下請け企業が不足しているなど 外注コスト、単価が上昇しているケースなど

同社は従来管理のできていなかった項目に対し、PTを立ち上げて早期に対策をとったことから、改善につながりました。こうしたケースでは、定量的に分析できる金融機関からのアドバイスが有効です。

次に、後者（非自動車関連からの引き合い増加）に関しては、ここ数年の人材不足や下請工場の不在等で大手企業の製造環境も厳しくなっているという背景があります。しっかりとした技術を有している企業に対しては、大手からの引き合いや見積り依頼が増えていますし、同業者の廃業等により、残存者メリットを受けるケースも出てきています。

そこで同社の場合は、次のプロセスを経て売上の確保と収益改善につなげました。

・取引先の推移を見る（車中心→非自動車関連が伸びてきた）

〈図表5-13〉融資の5ステップ（設備投資）

段　階	提案内容	備　考
ステップ1	借りてください！	論外。経営者に受け入れられない もしくは金利競争になる
ステップ2	工場が手狭なのであれば建て替えましょう！	ネタは出てきたが、どこの金融機関でも提案するレベル。金利競争になる
ステップ3	工場を建て替えることにより、効率化、省力化、機械化により収益改善が見込めます。なので、借入れして投資しましょう！ （中身の検証まではできていない）	経営者も必要性は理解できるが投資効果の判断が付かず踏み切れない
ステップ4	ステップ3について、事業計画書の策定支援を行った。 外部コンサルを紹介し、2工場から1工場に変えることによるコスト削減内容、新規機械を導入による修繕コスト等の減少などを算出 新規受注を見込んだ中期計画策定支援を行った	経営者も事業計画策定に積極的に関与し、投資効果は理解する ここまでくれば借入れする可能性は高くなる
ステップ5	ステップ4に加え、取引先（販売先・仕入先）を紹介 売上拡大に加え、コスト削減も見込まれることとなり、大幅な収益向上を示す。投資により一時的に財務内容は悪化するが、中期計画に基づけば債務償還年数は正常の範囲内であり、金融機関取引に問題はないことを説明。増収に伴う運転資金については当貸枠を設定することで、経営者の不安を取り除く	経営者も投資によるメリットを十分理解 売上の安定性、収益向上も理解でき、また金融機関による支援も明確化することで借入れに前向きになる （社内を説得しやすくなる材料を提供する） 適正金利での融資も可能になりやすい

・採算状況を確認、検証する
・今後の受注方針を定める（採算に応じた選別受注と、価格交渉の実践）
・若手社員を登用して、今後の営業方針を立てる

　従来は自動車関連8：非自動車2だったが、採算を重視し、6：4を目途に営業展開を進めた。

　これら施策は経営改善では基本的なプロセスですから、皆さんの取引先企業に対しても促してみましょう。

■当該業種の注意点

（1）外部環境の影響

　中小企業は外部環境の影響を強く受けます。為替、需要の増減、新製品の動向、税制、競合の動向など多くあります。特に、自動車や家電などの裾野の広い業態ではその影響は大きく現れます。

　一時に比べれば国内回帰の流れもありますが、依然海外生産の流れは続いていることから、ある業界に特化している場合は、可能な範囲で取引業態を広げるアドバイスを行うことも必要です。

　特に自動車関連は完成車メーカーからのコストダウン要請が毎年繰り返されることから、相応の体力のない企業は淘汰されます。皆さんの取引先に対しても状況や方向性を客観的に示唆してあげることも必要です。

（2）技術力、人員配置

　前述の通り、これを皆さんが判断するのは難しいところがあります。よって、大手企業からの安定した受注があれば、技術力は相応に高いと評価してよいと思います（金融機関の行職員はこうした客観的な受注実績や見通しから評価すれば十分）。また、より詳しく知る必要がある場合は、外部専門家や公的機関などによる評価を得ることをも一法です。

製造業で他社に対する優位性を築いたり差別化を行うためには、Q品質、Cコスト、D納期のいずれかで強みを持つことが必要です。こうした技術的な強みを持つことで、高付加価値、差別化が可能となります。
　また、その製・商品の今後のトレンド：成長、成熟、衰退などを知ることが必要です。ただし、これも皆さんにとっては難しいことですから、まずは経営者などに確認しながら判断していきましょう。

（3）採算管理

　製造業の採算管理は、小売りや卸売業などと違って難しいところがあります。それは、一つの製品を作るのに多くの人を介すことから労務費の配賦が難しかったり、機械の利用状況などを製・商品に配賦しなければ分からないからです。
　したがって、これがまったくできていない取引先企業に対しては、まずは取引先企業にとって無理のない範囲で、労働時間の取引先別への配賦や、直接材料費の抽出などから依頼していきましょう。これも場合によっては税理士やコンサルを活用することも必要です。

（4）設備投資

　製造業では、機械老朽化により修繕費増加や外注発注等のコスト増加が生じます。計画的な新規投資、更新投資を促し、これらコストを抑制するとともに、生産効率を高めることが効果的です。

第5章　事業性評価に基づき融資を実行する

■業界の融資ネタ

項　目	ポイント
運転資金	・増収によるもの以外にも仕入れをまとめて行う、回収時期を遅らせることなどにより仕入価格を引き下げ、損益にプラスとなるケースもあります、こうした場合の運転資金対応があります。
設備投資（機械等）	・コストダウン、効率化、量産、増設、熱源をガスや重油に変える設備導入などの対応資金。 ・今後メーカーでは、人員不足への対策として完全自動機（無人機）の導入が進んでいく可能性が高まっています。場合によっては、工場全体をフルオートメーション化することも考えられます。損益状況と事業計画、取引先計画などを総合的に判断し、これら対策を検討します。 ・ソーラーシステム導入（工場空地、屋根）
設備投資 （工場拡張など）	・手狭な工場の移転、新設資金 企業にとっては大きな経営判断を伴うことから、金融機関としては、受注見通し、収益改善効果等を織り込んだ事業計画書の策定を支援するところから開始する。コンサル等の第三者を活用することも有効。
その他	・ものづくり補助金のつなぎ資金 ・財務内容改善資金（個人立替金を金融機関借入れへシフトするなど）

【参考文献】

吉田重雄「事例に学ぶ 貸出先実態把握の勘所」きんざい（2008）

澁谷耕一「経営者の信頼を勝ち得るために」【第2版】きんざい（2010）

鍵谷英二「業績に直結する経営改善の進め方」中央経済社（2011）

藤原敬三「改訂版　実践的中小企業再生論」きんざい（2013）

吉田浩二「金融機関との取引を円滑に進める方法」きんざい（2013）

金融財政事情研究会「業種別審査事典」きんざい（2016）

リッキービジネスソリューション株式会社「事業性評価に基づく 取引先の見方・支援の進め方」近代セールス社（2015）

【参考ホームページ】

経済産業省　http://www.meti.go.jp/

国土交通省　http://www.mlit.go.jp/

金融庁　http://www.fsa.go.jp/

独立行政法人中小企業基盤整備機構

（中小企業再生支援協議会全国本部）　http://www.smrj.go.jp/index.html

一般社団法人全国信用保証協会連合会　http://www.zenshinhoren.or.jp/

一般社団法人全国銀行協会　http://www.zenginkyo.or.jp/

一般社団法人全国信用金庫協会　http://www.shinkin.org/

一般社団法人全国信用組合中央協会　http://www.shinyokumiai.or.jp/

日本政策金融公庫　https://www.jfc.go.jp/

株式会社帝国データバンク　http://www.tdb.co.jp/index.html

株式会社東京商工リサーチ　http://www.tsr-net.co.jp/

公益社団法人全日本トラック協会　http://www.jta.or.jp/

株式会社TKC　http://www.tkc.jp/

一般社団法人日本フードサービス協会　http://www.jfnet.or.jp/

一般社団法人日本建設業連合会　http://www.nikkenren.com/

一般社団法人日本自動車工業会　http://www.jama.or.jp/

●監修者略歴●
澁谷 耕一（しぶや こういち）
リッキービジネスソリューション株式会社　代表取締役
一橋大学経済学部卒、ニューヨーク大学大学院中退。1978年日本興業銀行入行、企業投資情報部副部長 アジア営業開発室長を経て、2000年10月みずほ証券公開営業部部長。
2002年同社退職。同年5月リッキービジネスソリューション株式会社設立。2013年4月神奈川県政策顧問就任。
著書『経営者の信頼を勝ち得るために』（きんざい）
　　　『逆境は飛躍のチャンス』（リッキービジネスソリューション）他

●著者略歴●
吉田 浩二（よしだ こうじ）
中小企業診断士
リッキービジネスソリューション株式会社　取締役企業支援部長
1997年広島銀行入行。東京支店・本店営業部にて法人融資渉外業務に従事。2010年リッキービジネスソリューション株式会社入社。中小企業向けの財務・銀行取引・事業再生に関するコンサルティング業務を担当。金融機関、中小企業再生支援協議会等を通じた専門家派遣業務などに従事。金融機関向け研修、会計事務所・法律事務所と連携したセミナーなど多数開催。
著書『金融機関との取引を円滑に進める方法』（きんざい）
共著『事業性評価に基づく 取引先の見方・支援の進め方』
　　　（近代セールス社）

事業性評価と融資の進め方
～取引先の強みを伸ばし資金需要を発掘する

平成28年11月25日　初版発行
平成29年4月17日　第3刷発行

著　者――――吉田　浩二
発行者――――福地　健
発行所――――株式会社近代セールス社
　　　　　　〒164-8640　東京都中野区中央1-13-9
　　　　　　電　話　03-3366-5701
　　　　　　FAX　03-3366-2706
印刷・製本―――株式会社アド・ティーエフ

ⓒ2016 Koji Yoshida

本書の一部あるいは全部を無断で複写・複製あるいは転載することは、法律で定められた場合を除き著作権の侵害になります。

ISBN978-4-7650-2051-0